LA VOZ INTERIOR

LA VOZ INTERIOR

Eileen Caddy

Ediciones
Luciérnaga

Título original: *Opening Doors Within*

Diseño de la cubierta: Planeta Arte & Diseño

Primera edición: diciembre 1996
Vigésima impresión: marzo 2015
Vigésimo primera impresión: enero 2016
Vigésimo segunda impresión: febrero 2017
Vigésimo tercera impresión: diciembre 2017
Vigésimo cuarta impresión: julio 2018
Vigésimo quinta impresión: marzo 2019
Vigésimo sexta impresión: mayo 2020
Vigésimo séptima impresión: noviembre 2020
Vigésimo octava impresión: marzo 2021
Vigésimo novena impresión: septiembre 2021
Trigésima impresión: febrero 2022
Trigésimo primera impresión: enero 2024
Primera edición en esta presentación: enero de 2025

Ediciones Luciérnaga
Av. Diagonal 662-664
08034 Barcelona
www.planetadelibros.com

ISBN: 978-84-19996-75-6
Depósito legal: B. 14.432-2024

Impreso en España – *Printed in Spain*

PEFC Certificado
Este libro procede de bosques gestionados de forma sostenible
PEFC
PEFC/14-38-00305
www.pefc.es

PREFACIO

En 1953, por primera vez, Eileen Caddy comenzó a recibir la guía personal de una silenciosa y pequeña voz en lo hondo de su ser, de una fuente que ella denomina el Dios interior.

Las sencillas enseñanzas que ha recibido a lo largo de los años ofrecen verdades y visiones de carácter espiritual, así como orientación acerca de cómo vivir una vida más feliz, de mayor plenitud y sentido. Ha sido su guía lo que ha servido como fuente de inspiración para la creación y el desarrollo de lo que ahora es la Fundación Findhorn, la comunidad espiritual de alcance internacional y centro de educación holística situado en el norte de Escocia.

Este es un libro acerca de valores espirituales tales como el amor, la dicha, la paz, la gratitud y la amistad. Los lectores encontrarán estos y otros temas resonando, a modo de ecos, de manera recurrente a lo largo del libro, pues en las palabras de la guía de Eileen «de una forma muy suave y cariñosa continúo recordándoos las cosas que, realmente, tienen importancia en la vida hasta que, poco a poco, formen parte de vosotros, vivan, se muevan y tengan su ser en vosotros».

Este diario perenne ofrece mensajes inspirados de orientación práctica y apremiante en prosa llana y directa, con sugerencias específicas para el crecimiento y desarrollo espiritual de cada día.

El lector tal vez prefiera leer el mensaje diario al levantarse, para tener una dirección general durante el día. O quizá haga uso de él con la familia, durante el desayuno, estableciendo turnos de lectura. O como un objeto de meditación diaria, volviendo sobre él antes de acostarse para tener una perspectiva de todo el día.

En cualquiera de los casos, incorporad las enseñanzas a vuestro ser, y llevadlas con vosotros día tras día, año tras año, hasta que «formen parte de vosotros y vivan y se muevan en vosotros», hasta que hayan cumplido su función silenciosa, suave y llena de amor de «abrir las puertas del interior».

David Earl Platts

ENERO

Se me mostró una escudilla de comida situada
en la nieve y vi huellas de muchos pájaros
y de otros animales del entorno, porque sabían
que habrían de encontrar comida allí.
Oí estas palabras:

No puedes vivir tan solo de pan.
Ven a Mí para tu alimento y sustento espiritual,
y te llenaré y te enviaré refrescada y renovada
y completamente satisfecha.

1 Enero

Eleva tu corazón y entra en el nuevo año sabiendo que ante ti se presentan doce meses realmente maravillosos. Contempla cómo surge lo mejor de todas las cosas. Puedo decirte lo glorioso que va a ser este año. Pero no será así a menos que aceptes lo que digo con el corazón lleno de gratitud y esperes lo mejor porque depositas tu fe y confianza en Mi palabra. Has de ayudar a que así sea. Has de asirte a Mis maravillosas promesas y creer. No es cuestión de que creas con tu mente. Debes creer con la intuición, con ese conocimiento interno que procede de lo más alto, que viene de Mí. Visualízame caminando delante de ti, preparando el camino, haciendo que lo aparentemente imposible se torne posible. Solo lo mejor, lo absolutamente mejor, lo perfecto, es para aquellas almas que realmente Me aman y Me ponen en primer lugar en todas las cosas.

2 Enero

No te preocupes si tus comienzos en esta vida espiritual son pequeños. Todas las cosas buenas tienen comienzos pequeños. El poderoso roble surge a partir de una diminuta bellota. De una pequeñísima semilla brotan las plantas y flores más hermosas. Por medio de una pequeñísima semilla muchas vidas pueden cambiar. A partir de un pequeño pensamiento de fe y creencia pueden surgir maravilla tras maravilla. Las cosas pequeñas al crecer se hacen grandes. Da gracias por todas las cosas pequeñas de la vida; después, y a medida que crecen, te mostrarás agradecida por todas y cada una de ellas, y expresarás tu gratitud con palabras y hechos. Deja que todo lo interior se exprese en el exterior. Recuerda siempre que un corazón agradecido es un corazón abierto, y que Me resulta mucho más fácil obrar en y a través de un corazón abierto. Da gracias y continúa dando gracias por todas las cosas para que pueda trabajar en ti y a través de ti, en todo momento, y producir Mis prodigios y glorias para que todos puedan verlos.

3 Enero

Cuando ames, ama de todo corazón, y nunca tengas miedo de mostrar tu amor. Que tu amor sea como un libro abierto, legible para todas las almas. Es lo más maravilloso del mundo, por eso deja que ese amor divino fluya en ti libremente. El amor no es ciego, pero ve lo mejor en el amado, y de ese modo hace que salga lo mejor. Nunca escojas o selecciones a quienes vas a amar. Simplemente mantén abierto tu corazón y que el amor fluya a todas las almas por igual. Hacer eso es amar con Mi amor divino. El amor nunca debe abrirse y cerrarse como un grifo. El amor nunca es posesivo, jamás exclusivo. Cuanto más deseas compartirlo, más crece. Aférrate a él y lo perderás. Suéltalo, y volverá a ti multiplicado y se convertirá en un gozo y en una bendición para todos aquellos que lo comparten.

4 Enero

¿Qué significa para ti vivir según la fe? ¿Dónde reside tu seguridad? ¿En las personas? ¿En tu cuenta bancaria? ¿O se encuentra firmemente enraizada y fundamentada en Mí, el Señor tu Dios, la divinidad en ti? Tómate un tiempo para considerarlo, y sabrás con exactitud y sin el menor asomo de duda dónde yacen tu fe y tu seguridad. ¿Puedes dar un gran paso en tu vida, con gozo y sin miedo, aun cuando no parezca haber seguridad externa alguna? Cuando sabes que una cosa es correcta, ¿puedes hacerla sin titubear? ¿Puedes poner tu mano en la Mía de una manera confiada y decir «Hágase Tu voluntad», y decirlo de verdad con todo tu corazón y toda tu alma, y dar ese salto a lo desconocido, dispuesta a aceptar lo que venga? El único modo de construir la fe es dar esos pasos pequeños, incluso vacilantes, para después dar pasos mayores hasta que tu fe sea tan grande que puedas dar grandes saltos en lo desconocido sabiendo que YO ESTOY contigo siempre.

5 Enero

¿Estás dispuesta a cambiar? Tómate un tiempo de quietud y sé muy honesta contigo misma. ¿Te sientes complacida y satisfecha? ¿Crees que es justo que otros cambien, pero que tu vida está bien? Si esa es tu actitud, ya es hora de que hagas una buena limpieza y cambies de parecer, de hecho ya es hora de que cambie de arriba abajo toda tu vida y de que revises su contenido. Cuando lo hayas efectuado, no vuelvas a poner nada en su sitio a menos que estés completamente satisfecha de saber que se trata de lo más alto y de que lo necesitas. Cuanto más vacía estés, mejor, porque entonces dejas espacio para ser ocupada por lo nuevo. Cuando no tienes nada y te sientes completamente vacía, Yo puedo entrar. No te turbes cuando te sientas desposeída de todo. Llámame, y te daré el reino. No niego nada a aquellas almas que buscan Mi ayuda y Mi guía con verdadera humildad y amor.

6 Enero

Nunca envidies los avances o logros espirituales de otras personas. Date cuenta de que también tú puedes lograr lo mismo. Pero debes hacer algo en ese sentido y no limitarte a quedarte sentada lamentando tu suerte en la vida. Todas las almas pueden alcanzar la cumbre. Todas pueden entrar en contacto directo conmigo. Todas las almas pueden caminar y hablar conmigo si se quiere y se acepta ese hecho. Debes creer que es posible y debes querer hacerlo; entonces con toda seguridad lo harás. Para eso no se precisa una vida entera. No es necesario que lleve tiempo alguno. Puedes cambiar en un abrir y cerrar de ojos si así lo escoges. En un momento dado puedes estar caminando en lo viejo, y en el siguiente puedes hallarte en la novedad gloriosa. Puede suceder así de rápido, sin esfuerzo alguno por tu parte, con un anhelo y una determinación profundos y con una fe absoluta. ¿Por qué no intentarlo, y dejar que Mi paz y Mi amor te llenen y te envuelvan?

7 Enero

Nunca jamás cierres tu corazón y tu mente. Ni temas lo nuevo, lo extraño, lo no convencional. Mantente lista y preparada para la intuición, para la inspiración, pues a lo mejor te revela algo tan completamente nuevo para ti que quizá ni siquiera tenga forma o sustancia, y tal vez necesites revestirlo con palabras. El orgullo intelectual puede ser un obstáculo en este camino espiritual y una auténtica piedra de tropiezo para la verdad. No es intelecto lo que necesitas; es inspiración e intuición. El intelecto procede del exterior, mientras que la inspiración y la intuición proceden del interior y no pueden ser influidas por nada exterior. Permite que tu aprendizaje proceda del interior; extráelo de todo lo que tienes en lo más interno. Te asombrarás de todo lo que contienes. Es ilimitado porque procede de Mí y YO SOY sin límites, y todo lo que es Mío es ilimitado y eterno.

8 Enero

¿Qué guardas en tu conciencia? Quiero tan solo lo mejor, lo más elevado para ti. Si por tu propia voluntad escoges otra cosa y la atraes hacia ti y quedas satisfecha con algo secundario, no hay nada que pueda hacer al respecto. Nunca temas esperar lo mejor. Jamás sientas que no eres digna o no tienes justificación para tener lo mejor. Te digo que se trata de tu verdadera herencia, pero debes reclamarla; has de aceptarla y esperarla. Es tuya, es Mi regalo para ti. ¿La aceptarás con gratitud y de todo corazón o la rechazarás? No dejes que la falsa humildad te impida aceptar lo que te corresponde por derecho propio; y no te limites a aceptarla, sino gloríate en ella, y da eternas gracias por ella. Cuídala como un tesoro, y mira su milagro desplegarse en tu vida, sabiendo sin sombra de duda que todo lo que tengo es tuyo.

9 Enero

Las almas que moran en Mí, las que viven, se mueven y tienen su ser en Mi luz y Mi amor, están totalmente protegidas frente a cualquier fuerza de carácter destructivo. Por eso, que no te abrumen las preocupaciones del mundo o las condiciones de tus semejantes. Si te dejas doblegar, no puedes servir de ayuda, pues de ese modo pasas a ser parte del caos y de la confusión en que se halla el mundo. A medida que la oscuridad del mundo crece y se hace cada vez más densa, tu luz interna debe incrementarse en fuerza y energía para poder vencer al mundo y mostrar la luz y vida eternas. No consientas que nada negativo en ti oscurezca la luz, sino que esta resplandezca en ti. La luz interior no puede ser extinguida por fuerza exterior alguna, sino que continúa ardiendo y brillando por siempre, independientemente de las condiciones en que se encuentre el mundo. Por medio de tu ejemplo vivo, puedes ayudar a cambiar la oscuridad por luz. Mantente en continuo contacto conmigo, permitiéndome inspirarte en cada cosa.

10 Enero

Aprende a buscar en tu interior todas las respuestas. Tómate tiempos de quietud y encuentra la respuesta en el silencio. Si esta no viene de inmediato, no cedas a la desesperación. Simplemente espera en Mí, pues has de saber que Mi tiempo siempre es perfecto y guarda un ritmo perfecto con toda la creación. Qué fácil es, cuando la vida no discurre suavemente, alzar las manos con desesperación e intentar huir de todo en lugar de afrontar tus responsabilidades y de consentir que el silencio y la confianza sean tu fuerza. Busca Mi voluntad ante todas las cosas. Cuando Me ames verdaderamente, querrás hacer Mi voluntad, porque el amor ansia hacerlo todo por el Amado. Por eso, cuando escuches Mi pequeña voz silenciosa en lo hondo de tu ser, cumple hasta el final todo lo que pido de ti por el mismo amor que Me tienes. Quiero que sepas que no voy a fallarte ni a abandonarte nunca. Quiero que sepas que solo lo mejor habrá de venir de todo lo que hagas por Mí.

11 Enero

Quizá haya muchos senderos, pero el objetivo es el mismo en todos ellos. Siempre existe la forma fácil o la difícil de alcanzar la meta. Existe el camino directo o el camino tortuoso que conduce a otros caminos o desviaciones antes de llegar al destino. La elección siempre está en manos del individuo. Sois absolutamente libres de escoger vuestro propio camino. Por eso, buscadlo y seguidlo, aun cuando al final os deis cuenta del tiempo que malgastasteis al tomar el sendero tortuoso cuando os hubiera resultado tan fácil seguir el camino directo. ¿Sabéis lo que estáis haciendo y adónde os dirigís? ¿Sabéis si estáis en el lugar justo y en paz con vosotros mismos? Es importante que indaguéis en vuestro propio corazón y lo averigüéis, porque no podéis dar lo mejor de vosotros si no sentís que estáis en el lugar justo, haciendo lo que sabéis que debierais estar haciendo de manera gozosa y con amor.

12 Enero

Cuando un niño pequeño que está aprendiendo a andar se cae, eso no le desanima sino que se levanta y lo intenta de nuevo, una y otra vez, hasta haber dominado el arte de andar. Lo mismo ocurre con la vida espiritual. No consientas jamás que lo que parecen ser derrotas te desanimen a continuar avanzando por el camino espiritual. Si te caes, sencillamente levántate e inténtalo de nuevo. No te contentes con quedarte ahí autocompadeciéndote, diciendo que no puedes seguir y que la vida es demasiado difícil. Tu actitud ha de ser siempre la de una absoluta certidumbre interna de que una vez que has echado a andar por el camino espiritual, llegarás a tu meta al final, sin importar los obstáculos que puedas encontrar entretanto. Notarás que el tiempo empleado en soledad y silencio te recarga espiritualmente y te ayuda a enfrentarte a lo que venga sin acobardarte o titubear. Por eso, el tiempo que estás a solas conmigo cada mañana te ayuda a fortificarte para lo que pueda traer el día.

13 Enero

Sin fe no puedes viajar por este camino espiritual. Sin confianza no hay amor; y sin amor la vida está vacía. Abre tu corazón y haz que fluya el amor, sin importarte lo difícil que pueda parecer la vida en la superficie. Asciende por encima de tus condiciones y circunstancias externas hasta aquellos ámbitos donde todo es luz, todo es paz, todo es perfección, hasta allí donde no hay separación. Debes elegir hacerlo y a continuación debes hacerlo. No permitas que nada del exterior te deprima. Mira ese glorioso borde dorado tras cada nube oscura, y concéntrate en él hasta que ya no quede ni rastro de nube. Aprende a subir a lo alto como una alondra, arriba, hasta las alturas, elevando canciones de alabanza y gratitud. No te quedes amarrada a los caminos del mundo, al materialismo de la vida. Lo que importa son los caminos del Espíritu. Comienza ahora mismo a vivir según el Espíritu y a caminar por los senderos del Espíritu.

14 Enero

Hay tantas cosas maravillosas que hacer en la vida... Pero ¿qué es lo que puedes hacer mejor? Averigúalo y a continuación ponte a hacerlo y disfruta haciéndolo. No malgastes tiempo ni energía anhelando hacer otra cosa o deseando estar en algún lugar diferente con otras oportunidades. Date cuenta de que estás exactamente en el lugar apropiado en el momento justo, y de que estás ahí para el propósito específico de hacer un trabajo concreto. Por tanto, entrégate por entero a esa tarea, y hazla con gozo y amor. Mira lo bien que te lo puedes pasar en la vida, y no solo tú sino también todas esas almas a tu alrededor. Si no ofreces lo mejor de ti al conjunto, no puedes esperar formar parte de ese conjunto. Si te separas de él, no hay totalidad en ti. ¡Qué satisfacción tan profunda tendrás si haces lo que se ha de hacer perfectamente y para el beneficio de todos!

15 Enero

¿Por qué NO TE relajas? Abandónate y déjame tomar la iniciativa, pues cuanto más estrés y tensión hay en tu vida, menos puedes hacer. ¿Por qué no te dejas fluir con la naturaleza, fluir siguiendo la corriente y haciendo lo que se ha de hacer de forma muy simple, con naturalidad y de manera gozosa? ¿Por qué no disfrutar de la vida en lugar de pasar por ella con una determinación severa, forzándote a hacer esto, lo otro y lo de más allá sin amor ni gozo? La vida es maravillosa cuando estás en armonía con ella y dejas de ofrecer resistencia. ¿Por qué hacer que todo te resulte complicado? ¿Por qué no hacer de hoy un día especial, y ver lo mejor en todas las cosas? Da gracias por todo. Disfruta de todo como se merece. Quiero que disfrutes de la vida. Comienza viendo la belleza de la naturaleza a tu alrededor, y comprobarás que una cosa maravillosa te llevará a la siguiente, y así hasta que tu vida entera sea una vida de maravilla y gozo.

16 Enero

Si alguna vez dudas respecto a una acción que has de emprender, ¿por qué no te quedas tranquila y esperas en Mí, en lugar de precipitarte a hacer algo sin Mi bendición? Ten siempre presente a dónde te diriges, y no te perderás por el camino; por eso es importante esperar hasta que Yo te dé la luz verde para seguir adelante. No es una pérdida de tiempo quedarse quietos y esperar en Mí. Ahorras mucho tiempo al final, si haces lo correcto en lugar de precipitarte y hacer lo incorrecto para después tener que desandar los pasos y deshacer lo que has hecho debido a tu impetuosidad que no fue guiada. Cuando sabes que algo está bien, no dudes en hacerlo de inmediato. Pero si surge esa ligera sensación de incertidumbre respecto a algo, debes esperar, esperar y esperar hasta que las cosas hayan quedado claras antes de ponerte manos a la obra.

17 Enero

La vida sin oración está vacía y carece de sentido, porque es esa comunión con la parte más alta de ti la que te revela la plenitud de esta vida gloriosa que es tu verdadera herencia. Que tus oraciones sean muy positivas y constructivas, y agradece lo que vas a recibir incluso antes de rezar por ello. Cuando reces, siente una unidad con toda la vida en la que no hay separación, pues todo es uno. La oración lo une todo; lo atrae todo entre sí y crea perfecta unidad. Háblame y escúchame. Nunca malgastes el tiempo en suplicarme por esto, por aquello y por lo otro, porque esa no es la auténtica oración. Suplicar es crear separación, y yo quiero que crees unidad en todo momento. Somos uno. YO ESTOY en ti; no has de buscarme fuera. YO ESTOY siempre aquí esperando que Me reconozcas. Reconoce nuestra unidad ahora; Yo en ti, y tú en Mí.

18 Enero

De ti depende hacer que hoy sea el día más maravilloso de tu vida, mediante tu actitud correcta, mediante tu pensamiento positivo. Toma hoy como Mi día, un día completamente bendecido por Mí, y mira cómo se despliega para ti en auténtica perfección, sin que el menor pensamiento de decepción lo estropee. ¿Por qué habría de decepcionarte algo de lo que el día de hoy pueda traer? Recuerda que tienes un completo control sobre él. Eres dueña de la situación; por tanto, la forma en que se presente depende de ti. Si te enfrentas a un problema, has de saber que tiene una respuesta, y por eso, nunca permitas que el problema te venza. Considéralo como un impulso hacia adelante, como un reto, y la solución se presentará sola. Jamás dejes que el problema te controle. Tienes que hacerlo. Debes hacer el esfuerzo de pensar positivamente, pensar lo mejor, en el éxito. Después observa cómo ocurre paso a paso.

19 Enero

No puedes esperar crecer espiritualmente a menos que estés dispuesta a cambiar. Esos cambios pueden ser pequeños al principio, pero a medida que te adentres cada vez más en lo nuevo, serán más drásticos y vitales. A veces se necesita una completa sacudida para producir una nueva forma de vida. Pero es sorprendente lo pronto que uno se puede acostumbrar al cambio siempre que se tenga la valentía y la convicción de que los cambios que tienen lugar habrán de dar paso a lo mejor. Que tu propósito sea siempre la perfección. Tiende continuamente hacia lo alto. Intenta una y otra vez alcanzar lo aparentemente imposible. Continúa creciendo en sabiduría y comprensión, y en ningún momento te conformes con permanecer estática. Siempre hay algo más que aprender. Siempre hay algo nuevo y maravilloso que descubrir en esta vida, por eso expande tu conciencia y tu imaginación para darle cabida. Mantente abierta y receptiva para no perderte nada.

20 Enero

Todo lo que tengo es tuyo cuando aprendes a poner lo prioritario en primer lugar, pero debes tomarte tiempo y explorar tu corazón y saber qué es lo que pones en primer lugar en tu vida. Recuerda, no puedes ocultarme nada, así que sé completamente franca y honesta contigo misma. ¿Significa tu trabajo para Mí más que ninguna otra cosa, o te inclinas a dejarme al margen y a hacer únicamente Mi voluntad cuando a ti te lo parece o te viene bien? Si es así, no estás poniendo lo prioritario en primer lugar. Solo cuando todo se Me ofrece puedo obrar con libertad, en y a través de ti, para producir Mis maravillas y Mis glorias. Que tu entrega no sea tibia o temerosa. Cuando des algo, hazlo de todo corazón y con amor y gozo verdaderos, y en ningún caso lo lamentes. Quiero que sepas que usaré tus dones en la forma en que ha de hacerse, para Mi honor y Mi gloria y para el beneficio de todos.

21 Enero

Comienza el día dando gracias. Date cuenta de que estás enormemente bendecida y de que Mis bendiciones se están derramando sobre ti en todo momento. No importa lo poco agradecida que fueras ayer; lo que importa es tu actitud ahora. Deja atrás el pasado. No pierdas el tiempo concentrándote en tus faltas pasadas; simplemente aprende de ellas y a continuación sigue adelante y disfruta la vida, dando constantes gracias por todo. Cuando eres agradecida y aprecias todas las cosas buenas de la vida, el amor fluye libremente en ti y a través de ti. Pero si dejas de dar gracias y de apreciar Mis dones buenos y perfectos, acabas secándote y debilitándote. Entonces comienzas a preocuparte por ti y dejas de preocuparte por tus semejantes. La forma más rápida de cambiar esa actitud es empezar a pensar en los demás y empezar a vivir y a darse para todos. Comprobarás que el yo y la preocupación por uno mismo se van diluyendo hasta ser apenas nada. ¿Por qué no hacerlo ahora?

22 ENERO

Deja de ir en punto muerto, mete la marcha y haz algo con tu vida. Hay muchas rutas que explorar, así que ¿por qué no explorarlas? Nunca temas adentrarte en lo desconocido, en lo nuevo. Hazlo sin temor, siempre esperando lo mejor al dar ese paso. La vida es muy emocionante y está llena de interés, pero debes estar dispuesta a ampliar el campo de tus movimientos en lo nuevo con absoluta fe y confianza. Déjame ser tu constante guía y compañero. Hay tantas cosas esperando serte reveladas cuando estés preparada... Debes estar equipada de un modo adecuado para esta vida de aventura. Tienes que aprender lecciones vitalmente importantes antes de aventurarte más adentro. Debes aprender las lecciones fundamentales de la obediencia y la disciplina. Por esa razón has de ser puesta a prueba y sometida a examen. No te impacientes cuando tengas que atravesar esas pruebas y adversidades, sino agradece que hayas sido escogida para seguir este camino espiritual.

23 Enero

¿Por qué dejar hasta más tarde algo que es tu herencia divina ahora? YO ESTOY dentro de ti, más cerca de ti que la respiración, más que tus pies y manos. ¿Puedes aceptarlo? ¿O todavía albergas dudas y te preguntas si eso es posible? Se trata de algo que todas las personas han de averiguar por sí mismas. Se les puede decir una y otra vez, pero hasta que no estén dispuestas a aceptarlo como un hecho, y a reconocer la maravilla que eso supone, no les dice nada. O es tan solo un sueño hermoso que quizá algún día pueda hacerse realidad. ¡Cuánto tiempo se pierde en la duda y la descreencia! Unicamente cuando se conoce la verdad, la verdad le hace a uno libre. Escucharlo, comentarlo o leerlo no lo logran. La verdad ha de vivir y moverse y tener su ser en el interior de cada uno. Entonces, la verdad hace libres a las personas, y uno conoce el verdadero significado de la libertad de corazón, mente y espíritu.

24 Enero

Deja de buscar ayuda en otras personas; búscala en tu interior, y la hallarás. Para encontrar la respuesta, dirígete siempre a la Fuente, y que no te satisfagan las respuestas de segunda mano o esas otras que no proceden de lo más alto. Si empiezas desde lo más bajo y te encaminas hacia arriba, experimentarás un proceso completo de limpieza y purificación, y podrás comenzar a partir de cimientos tan sólidos como una roca, tanto que nada ni nadie podrá hacerlos tambalear ni destruir. Una vez los cimientos sean firmes, podrás continuar construyendo sin preocupación alguna. Asegúrate de que tus cimientos estén enraizados y establecidos en Mí, en los caminos del Espíritu, y no en los caminos del mundo que hoy están y mañana ya se han ido. Vive y muévete y ten tu ser entero en Mí. Que Mi paz y Mi amor te llenen y te envuelvan. Levanta tu corazón con profundo amor, alabanza y gratitud, y queda en perfecta paz a medida que hagas Mi voluntad y andes por Mis caminos.

25 Enero

No consientas idealizaciones en esta vida espiritual. Es una vida muy real, práctica, llena de expectación e interés. Espera que lo imposible se torne posible. Espera que ocurra milagro tras milagro tan solo debido a que estás viviendo y demostrando Mis leyes divinas. Cuando vives según Mis leyes, cualquier cosa puede suceder en cualquier momento porque estás en armonía con las potencias más altas y operas desde un nivel de conciencia superior. Eres una con la Mente Universal, conmigo. Cuando no hay separación y funcionamos como uno, todo es posible. Ponte en sintonía. Comienza el día sintonizándote conmigo, permaneciendo queda y encontrando esa paz y serenidad internas que nada puede destruirlas. Un instrumento musical sensible ha de ser afinado cada día antes de poder tocarlo. ¡Cuánto más has de afinarte tú cada día antes de entrar a jugar tu papel en la orquesta de la vida!

26 ENERO

No puedes crear lo nuevo si permaneces inmersa en lo viejo. Un bebé recién nacido no puede permanecer apegado a su madre. Para que se separen se ha de cortar el cordón umbilical. Lo mismo sucede con esta vida espiritual. Una vez que has echado a andar por el camino espiritual, decidida a vivir en las sendas del Espíritu, debes hacer un corte limpio con tu vieja forma de vida. No se puede tener un pie en ambos mundos. La elección está en tu mano. Que no haya retroceso en esa elección. Continúa avanzando. Cuando el camino sea áspero, quizá te aferres a los llamados «buenos días del ayer» y quieras regresar. No hay regreso en esta vida. Un bebé no puede volver al vientre de su madre cuando la vida se le hace demasiado difícil. Un polluelo no puede volver a su cáscara ni una mariposa a su crisálida. La vida no puede ir hacia atrás. Ha de ir adelante, siempre adelante.

27 Enero

¿Te das cuenta de que lo que haces, tu forma de vivir y de pensar, puede ayudar o dificultar el estado del mundo? Deja de ser atraída hacia el torbellino de caos y confusión, de destrucción y devastación, y comienza ahora mismo a concentrarte en la maravilla y en la belleza del mundo que te rodea. Da gracias por todo. Bendice a las almas con las que entres en contacto. Niégate a ver lo peor en la gente, en las cosas o en las condiciones, y busca siempre lo mejor. Eso no es ser como un avestruz que esconde su cabeza en la arena y se niega a enfrentarse a las realidades del mundo. Es, sencillamente, buscar y concentrarse en lo mejor de todas las personas y cosas. Eres un pequeño mundo en ti misma. Cuando hay paz, armonía, amor y comprensión ahí mismo, en lo profundo de tu pequeño mundo, eso se reflejará en el mundo que te rodea. Cuando puedes hacerlo, comienzas a ayudar a toda la inmensa situación del mundo.

28 Enero

¿Por qué no intentas escuchar esos sonidos intangibles que tan solo pueden oírse en absoluta quietud cuando estás en armonía con los caminos del Espíritu? En ese estado de paz perfecta tu vida entera cambia, y se irradia desde dentro una profunda serenidad y tranquilidad internas. Te haces una con toda la vida. Te sientes elevada, inspirada y llena de iluminación, pues tu ser entero se llena de Mi luz divina. No comprendes con la mente sino con la conciencia superior y con el corazón. El yo queda completamente olvidado, y tu vida se convierte en una entrega amorosa y servicial a los semejantes. Únicamente cuando se da, puede encontrarse esa maravillosa dicha y felicidad internas, que nada ni nadie pueden quitarte. El júbilo acompaña al servicio, y el servicio a la dedicación. Dedícate a Mí y a Mi servicio ahora, y siente cómo te expandes al hacerlo.

29 Enero

¿Estás dispuesta a cambiar tus ideas y tu forma de pensar? ¿Estás preparada para aceptar algo nuevo sin reservas? Algunas almas pueden ser flexibles y hacerlo con la mayor facilidad, pero otras encuentran enormes dificultades, y eso es causa de tensión y estrés en sus vidas. O puede ocasionar estancamiento, lo cual es casi tan malo como lo anterior. Has de tener valor y moverte hacia adelante por caminos nuevos, por aguas tal vez inexploradas, sin ningún temor. YO ESTOY guiándote en esas aguas nuevas e inexploradas, y no voy a permitir que sufras daño alguno. Acéptame como tu constante guía y compañero. No se te ha pedido que te aventures en esas aguas sin piloto. YO SOY tu piloto, y jamás te abandonaré. Confía en Mí completamente. Si el camino es áspero, no temas; si es peligroso, no te preocupes. Te guiaré durante toda la travesía. Pero has de acordarte de soltarte, de dejarme hacerlo y no no resistirte.

30 Enero

¿Encuentras un auténtico gozo en el trabajo que haces y en la vida que llevas? ¿Te sientes orgullosa de un trabajo no solamente bien hecho, sino hecho de un modo perfecto? ¿Te disgusta lo que se hace de mala manera y a desgana? ¿Pones todo tu corazón en lo que haces y eres consciente de que todo lo que haces es para Mí y para Mi honor y Mi gloria, hasta el punto de que nada te deje satisfecha si no se hace «justamente de ese modo»? Así habría de ser. Jamás debieras quedar satisfecha con una tarea hecha de mala gana y a medias. Haz todo lo que haya de hacerse con amor y júbilo, y que eso lo incluya todo, desde el trabajo más mundano hasta las tareas vitalmente importantes. Asegúrate de que tu actitud en todo lo que emprendas sea recta para poner en eso las vibraciones correctas. Verás cómo disfrutas actuando así.

31 Enero

Eleva tu conciencia y date cuenta de que no tienes edad. Eres tan joven como el tiempo, tan vieja como la eternidad. Si vives plena y gloriosamente en el eterno presente ahora, eres siempre tan joven como el presente. Estás renaciendo continuamente en Espíritu y en verdad. No puedes permanecer estática en esta vida espiritual; siempre hay algo nuevo e interesante que hacer y aprender. Vivir en un estado de expectación te mantiene continuamente alerta y joven. Si la mente se hace vieja y aburrida, la vida pierde toda su chispa y su entusiasmo. Cuando no puedas entender alguna nueva verdad con la mente, siéntate en silencio y eleva tu conciencia, entra en sintonía con la Mente Universal infinita y hazte una con ella, conmigo, y serás capaz de entender todas las cosas. Si mantienes tu mente alerta, no puedes envejecer. La fuente de la juventud es tu conciencia; el gozo de vivir es el elixir de la vida.

FEBRERO

Se me mostró
un mar muy agitado y embravecido,
con olas muy elevadas. Vi después
que bajo la superficie reinaban una paz
y una calma maravillosas. Oí estas palabras:

Busca y halla la paz
que está más allá de toda comprensión
en tu interior más profundo,
y consérvala, suceda lo que suceda
en el exterior.

1 Febrero

¿En qué crees? ¿Crees en Mí? ¿Crees que puedes andar y hablar conmigo? ¿Crees, cuando vives esta vida espiritual de una manera plenamente íntegra y al unísono conmigo, que funciona, que es una vida muy práctica, y que no hay ningún aspecto de tu vida al que esta forma de vida no se aplique? Tómate tiempo en averiguar y sopesar tus creencias y, ante todo, aprende a vivir según ellas. Hay muchísimas almas que fracasan al poner en práctica esta forma de vida. Hablan de ella pero todavía no se han probado a sí mismas ni al mundo que funciona y que, cuando Me reconocéis en todo y acudís a Mí y buscáis Mi ayuda, todo empieza a encajar en la vida. Cuando obedeces Mi pequeña, silenciosa voz interior, empiezas a desplegarte, abriéndote como una flor hermosa, comprobando lo realmente práctica y maravillosa que es esta vida.

2 Febrero

Hay mucho que hacer, pero tienes que aprender a canalizar tus energías en la dirección correcta y no despilfarrarlas picoteando en muchas actividades. Es fácil hacerlo, y aquí es precisamente donde se requiere autodisciplina. Has de averiguar qué es lo que debieras estar haciendo, y enseguida ponerte a ello sin que te tiente meter baza en un centenar de actividades diferentes. Necesitas variedad y flexibilidad, sin embargo, eso no significa disipar tu energía. Es mucho mejor aprender a hacer una sola cosa y hacerla a la perfección, que emprender muchas cosas y hacerlas de mala manera. Te pido que no mariposees en muchas cosas, sino que seas una perfeccionista en todo lo que emprendas. Está dispuesta a aprender y nunca creas que conoces todas las respuestas. Siempre hay algo nuevo que aprender. Aprende a hacer lo que sabes que puedes hacer a la perfección. Que tu estándar sea del más alto nivel.

3 Febrero

A medida que sigues Mis leyes y las obedeces, tu vida se enriquece y queda enormemente bendecida. Si desobedeces esas leyes, tarde o temprano te encontrarás rodando hacia abajo por la pendiente, hasta que te des cuenta en qué te habías equivocado y estés dispuesta a rectificar esos errores. Entonces es cuando has de empezar a dar prioridad a lo realmente importante y abandonar tu rebeldía y buscarme a Mí y a Mi reino. No es fácil de hacer cuando has tocado fondo y crees que la vida carece de propósito. Sin embargo, eso es lo que tendrás que hacer. Poner tus pies en el peldaño más bajo de la escalera y comenzar a subir, por muy difícil que pueda resultar en ese momento. Si te esfuerzas hasta el siguiente peldaño y vas saliendo gradualmente de la desesperación en la que te habías hundido, la vida empezará a cambiar y encontrarás que tu vida tiene un propósito real.

4 Febrero

Vivir una vida espiritual no significa que tengas que verte privada de los bienes que te hagan falta y que te faciliten la vida. Simplemente significa que has de usar hasta lo más insignificante para beneficio de todos y para Mi honor y Mi gloria. Cuando hayas terminado de utilizar algo, sea lo que sea, haz que Me sea devuelto con amor y gratitud, reconociendo que todo lo que tienes es Mío. Verás que cuanto más des, más sitio dejas para que entren otras cosas. Acepta todo lo que necesites, aunque nunca intentes poseerlo. Cuanto más posesiva te muestres hacia algo, más probabilidades tienes de perderlo. Mis almacenes están llenos a rebosar. A medida que vayas poniendo tus valores en su sitio, dejarás de carecer de nada absolutamente. Pero siempre recuerda ponerme en primer lugar en todas las cosas, dar gracias por todo, y devolverme aquello con lo que hayas acabado.

5 Febrero

Cuando tengas que asumir responsabilidades, acarréalas de una forma gozosa y que su peso no te hunda. Asegúrate de ejecutarlas al pie de la letra, y no dejes de llevarlas a cabo hasta el final, por muy difíciles o pesadas que puedan parecer en ese momento. Recuerda siempre que Yo no te doy más de lo que tú eres capaz de asumir sin proporcionarte la ayuda y la fuerza para hacerlo. A medida que asumes tus responsabilidades, tu talla y tu fuerza crecen y vas mereciendo mayor confianza, de manera que puedo darte incluso responsabilidades más grandes para que las realices. Necesito cada vez más almas en las que poder confiar para llevar el peso. Te necesito dispuesta y capaz de hacerlo, sin temor de no poder asumirlo. No seas derrotista. Puedes hacer lo que te propongas si así lo decides, y negarte a considerar siquiera la posibilidad del fracaso. Tan solo has de saber que tendrás éxito, y lo tendrás.

6 Febrero

Sé guiada en todo lo que hagas y digas. Aprende a ser muy paciente y a esperar que sea el tiempo justo para cada cosa. Quiero que sepas que todo saldrá a la perfección si esperas en Mí y no te precipitas a obrar careciendo de guía. Hay mucho que está a la espera de desplegarse en su momento justo. Todo se está acelerando, pero aun así lo que ocurra será un proceso de apertura, pues hay una armonía y un ritmo perfectos en Mi plan. Nada está fuera de sitio, así que trabaja según el plan y no en su contra. Si intentas ir en contra, simplemente te agotarás sin llegar a ninguna parte, y será como nadar contra la corriente; o bien permanecerás sin avanzar aun nadando con todas tus fuerzas, o bien la fuerza de la corriente te hará retroceder. Evita ponerte en contra de algo que es inevitable, y en lugar de eso camina con ello con la paz y la confianza absoluta de que estás haciendo lo correcto en el momento apropiado.

7 Febrero

Encuentra tiempo para explorar tu corazón. ¿Das alguna cosa o algún hecho por supuesto? ¿Te sientes alguna vez aburrida o harta de la vida? ¿Eres de las que dan o de las que toman? ¿Llevas una vida de servicio hacia tus semejantes o exiges ciertos derechos para ti misma? No puedes esperar encontrar felicidad verdadera y duradera a menos que des y estés dispuesta a servir sin exigencia alguna para el yo. Solamente cuando aceptes que esta es una vida de servicio, de donación, de completa dedicación a Mí y a Mi servicio, una vida donde el yo quede olvidado y vivas para todos, podrás entender lo que quiero decir cuando afirmo que estás llevando una vida verdaderamente plena y gloriosa y que estás siendo enormemente bendecida. Así que empieza ahora a expandir tu conciencia. Empieza a vivir y a obrar para todos, y verás cómo cambia por completo tu actitud.

8 Febrero

Despiértate refrescada y renovada, esperando lo mejor de este día glorioso, y por tanto recibiendo tan solo lo mejor. Relájate y déjame que yo lleve las riendas. Nunca empieces el día con esfuerzo y llena de tensión. El sueño y el descanso renuevan el Espíritu y lo revitalizan. Comienza el día con el pie derecho, con el corazón lleno de amor y gratitud, lleno de grandes expectativas para el nuevo día. Hoy no hay ninguna mancha que lo enturbie; ¿por qué no dejar que siga así? Mantén tu conciencia elevada hasta lo más alto y mira cómo se despliegan hoy los acontecimientos más maravillosos. Es un día nuevo y un paso nuevo. Deja atrás el ayer con todas sus faltas y fracasos, y abre una nueva página. ¿Por qué arrastrar lo viejo en este nuevo día? Ante todo aprende tus lecciones, pero ¿por qué habrías de poner tanto énfasis en esas lecciones que al final te dejen hundida y no puedas entrar en lo nuevo con un corazón ligero y alegre?

9 Febrero

El nuevo cielo y la nueva tierra están aquí ahora. Es tan solo cuestión de reconocer y de aceptar lo que está sucediendo y de elevar tu conciencia hasta que te des plena cuenta de todo lo que está sucediendo en ti y a tu alrededor. Si no te das cuenta de todo lo que está sucediendo en este momento, eso no quiere decir que no esté ocurriendo. Simplemente supone que lo has excluido de ti a causa de la ceguera de tu propio orgullo y arrogancia, que te impiden ver todas las maravillas a tu alrededor. Por tanto, continúa elevando tu conciencia. Cuanto más la eleves, con más claridad podrás ver la verdad, y no habrá nada que se interponga y te impida la plena visión. Cuando hayas contemplado la maravilla de esa visión, haz que tome cuerpo y vívela; que forme parte de tu vida cotidiana. A menos que una visión se manifieste en la forma, no se convierte en realidad. Te digo que contemples Mi nuevo cielo y Mi nueva tierra manifestados en la forma ahora.

10 Febrero

Aspira a lo alto; cuanto más alto, mejor. Aun cuando no alcances ese propósito todas las veces, al menos te encontrarás estirándote hasta el máximo de tu capacidad. Espera siempre lo mejor en la vida; mira cómo lo recibes y da eternas gracias por ello. Recuerda que Yo conozco todo lo que necesitas, incluso antes de que lo pidas, y todas tus necesidades están siendo satisfechas de un modo maravilloso. ¡Cuán bendita eres al conocer estas maravillosas verdades y al ser capaz de absorberlas hasta lo más profundo de tu ser! Al darte cuenta de los enormes cambios y del constante crecimiento y expansión a todos los niveles. Al conocer que, aun con todas las convulsiones que aguardan al mundo, puesto que lo viejo ha de ceder su sitio a lo nuevo, ningún daño recaerá sobre aquellas almas que hayan aprendido a poner su fe y su confianza enteras en Mí. Al saber, sin sombra de duda, que conmigo todas las cosas son posibles.

11 Febrero

Hasta que no estés dispuesta a poner de tu parte por Mí y a tomar tiempo para aquietarte y entrar en sintonía conmigo, carezco de un canal en el que y a través del cual obrar. Recuerda siempre que tú has de cumplir tu parte. Has de poner lo prioritario en primer lugar, y, cuando lo haces, abres todas las puertas, y YO SOY capaz de obrar maravilla tras maravilla en ti y a través de ti. Sin canales, Mi trabajo queda detenido. Necesito cada vez más canales limpios del yo para que nada detenga el libre flujo en ti y a través de ti. No puedo utilizarte a menos que estés dispuesta a poner de tu parte. Nunca tomo nada si no se Me da libremente. Por eso, dame tu ser entero, no guardes nada, y olvida por completo el yo en tu donación. Sigue el ritmo de la vida, Mi ritmo, y fluye con gracia y soltura. No malgastes más tiempo cavilando sobre todo eso; haz algo al respecto.

12 Febrero

Observa UN diseño y un plan perfectos discurriendo por tu vida. No hay nada fortuito. Aun cuando parezca muy extraño, todo está en Mi plan divino. No estarías donde estás ahora, haciendo lo que estás haciendo en este momento, si Yo no hubiera puesto Mi mano sobre ti. Mis caminos no son tus caminos. Busca siempre Mi voluntad. Conozco lo que es mejor para ti, ¿por qué, pues, luchar en contra y creer que tú lo sabes mejor? Ten absoluta fe y confianza en Mí. Quiero que sepas que YO ESTOY siempre aquí y que nunca te dejaré ni te abandonaré. Continúa acudiendo a Mí. Escucha lo que tengo que decirte en el silencio y obedece hasta Mi más ligero susurro. La obediencia abre ante ti toda una nueva vida y libera nuevas energías que habían estado ocultas en lo profundo de tu ser, aguardando a que estuvieras preparada y dispuesta a seguirlas sin dudarlo.

13 Febrero

Bebe de la infinita fuente de poder y fuerza en tu interior, y te encontrarás haciendo cosas aparentemente sobrenaturales, al estar obrando de acuerdo a Mis leyes divinas. Cualquier cosa puede suceder, porque Mis leyes son las llaves que abren todas las puertas y hacen que todas las cosas sean posibles. Reconócelas como Mis leyes, y nunca dejes de dar eternas gracias por ellas, y de usarlas para Mi honor y Mi gloria y para el beneficio de todos. De ese modo, solo los sucesos más maravillosos podrán venir de su recto uso y todos se beneficiarán de ellos. El poder utilizado convenientemente bajo Mi guía puede cambiar el curso de la historia, creando el nuevo cielo y la nueva tierra. Si se utiliza de una manera equivocada, únicamente puede traer devastación y destrucción. El poder no es algo con lo que se pueda jugar, sino que se ha de tratar con enorme respeto. YO SOY poder. Tengo toda la creación en Mi mano, y tú eres parte de ese todo. Armonízate con la totalidad, y encuentra en ella tu justo lugar.

14 Febrero

El amor está en el aire. Siente su calidez, el gozo que trae y la libertad que le acompaña. El amor es un estado interior del ser. No hace falta que se hable de él, porque se expresa a través de mil y un detalles: una mirada, un gesto, una acción. El amor está en todas partes, pero tienes que darte cuenta de él para apreciarlo plenamente. El aire que respiras está en todas partes, pero lo das por hecho hasta que te detienes y te das cuenta de que él es lo que te mantiene vivo. No des nada por hecho, pues cuando lo haces, desaparecen la dicha y la chispa de la vida. El amor tiene pequeños comienzos, y crece y se expande cuando en verdad os amáis los unos a los otros, tenéis fe y confiáis unos en otros. Que ese amor siga fluyendo y que nada se interponga en su camino. Que Mi amor divino fluya a través de todas las cosas, y reconoce esa paz que está más allá de toda comprensión.

15 Febrero

El secreto de hacer que algo funcione es querer que funcione, y estar tan completamente seguros de ello que no podría ser de otro modo. Abordar algún trabajo difícil sin entusiasmo no traerá éxito, pero cuando se aborda con toda el alma y con un auténtico deseo de verlo funcionar, solo resultará lo mejor. Haz todo lo que emprendas con toda el alma, desde el trabajo menor y más mundano hasta los trabajos más difíciles y complicados. Está dispuesta a aceptar retos auténticos en la vida y nunca los temas. Cuando les haces frente con el espíritu correcto y con el conocimiento interno de que soy Yo el que obra en ti y a través de ti para ayudarte a llevar a cabo la tarea, cualquier cosa puede suceder. Cambia tu actitud, y puedes abrir la puerta para dar paso a una afluencia de energías positivas y creativas en todo tu ser. Date cuenta de que puedes cambiar y hacerlo rápidamente; únicamente depende de ti.

16 Febrero

¿Qué estás haciendo respecto a las cosas que tienen importancia en la vida? ¿Es correcta tu escala de valores? ¿Por qué no te tomas tiempo para quedarte queda, entrar en el silencio, estudiar tus motivaciones y comprobar si son de las más altas? Tan solo tú puedes hacerlo. Nadie más puede hacerlo por ti. Quizá signifique tener que esperar en Mí sin recibir una respuesta inmediata. Tal vez tengas lecciones importantes que aprender y únicamente puedas hacerlo si estás quieta y esperas en Mí, especialmente si eres un alma impaciente y exigente. ¿Por qué ponerte excusas? Te sabes todas las respuestas en teoría. Ahora ha llegado el momento de ponerlas en práctica y ver qué resultado te dan. Nunca aprenderás esas lecciones vitalmente importantes hasta que no las pongas a prueba por ti misma. ¿Por qué no hacerlo ahora y dejar de perder el tiempo pensando en ellas? Aprende a tener una escala de valores correcta y da prioridad a lo más importante. Permíteme que trabaje en ti y a través de ti.

17 Febrero

Cuando estés dispuesta a ofrecerte entera a Mí y a no retener nada para ti, cada una de tus necesidades será totalmente satisfecha y tu vida fluirá con abundancia, pues tú abres las compuertas al ofrecerte por entero a Mí. Absorbe esta ley con todo tu ser hasta que forme parte de ti y vibres con ese ritmo de la totalidad de la vida, hasta que conozcas el significado de ser completa, de estar en armonía con toda la creación, y por tanto en armonía conmigo. YO SOY el creador de toda la creación; YO SOY la totalidad de toda la vida. Eleva tu conciencia, y date cuenta de que YO ESTOY en ti, de que esta totalidad está aquí en tu interior, y de que nada puede separarte de esa maravilla excepto tu propia conciencia limitada. ¿Por qué no te abandonas y la dejas expandirse? No dejes que nada detenga esa expansión de conciencia hasta que puedas aceptar que YO SOY en ti, y tú en Mí, y que los dos somos Uno.

18 Febrero

Cuando muestres amor y comprensión, volverán a ti centuplicados. Cuando muestres crítica y negatividad, volverán a ti centuplicadas. Lo que está en lo profundo de tu ser, en tu interior, volverá a ti reflejado en tu vida exterior. No puedes esconder tu descontento, tu disgusto o tu avaricia, pues tarde o temprano saldrá en lo externo como un grano, y habrá de ser extirpado. Cuanto antes se elimine la infección, mejor. La manera mejor y más rápida de hacerlo es cambiar tu actitud entera. Sustituye los pensamientos infectados, negativos, críticos por pensamientos del más puro amor, armonía y comprensión. Se puede hacer con mucha rapidez. No tienes por qué quedar sumida en la desgracia y la depresión. No tienes por qué perder un tiempo precioso teniéndote lástima. Si quieres hacer algo respecto a tu situación, lo puedes hacer de inmediato. El cambio puede venir en un abrir y cerrar de ojos.

19 Febrero

Hay lecciones muy importantes que todo el mundo ha de aprender en esta vida. Por ejemplo, aprende a hacer lo que sea calladamente, con discreción, sin hacer ruido ni darte bombo. No dejes a un lado esas lecciones o pienses que conoces todas las respuestas y que, por tanto, no tienes que aprender lecciones tan elementales. Mira muy dentro de ti y no dejes que el orgullo espiritual te impida ver tus fallos, pues no se te podrá usar plenamente si consientes que el orgullo espiritual se interponga. Muy a menudo, el orgullo puede impedirte aprender lecciones nuevas y vitales que están aguardando ser aprendidas, e impedir tu desarrollo espiritual. Siempre hay algo nuevo y maravilloso que aprender y absorber, y tan solo serás capaz de hacerlo cuando estés dispuesta a estar abierta y seas consciente de lo que necesitas. Persigue satisfacer esa necesidad con verdadera humildad y profunda gratitud. En esta vida nunca se deja de aprender.

20 Febrero

¿Por qué habrías de tener miedo? YO ESTOY contigo siempre. Voy delante de ti preparando el camino; se desplegará con auténtica perfección en el momento preciso. Tienes que tener fe, y tu fe ha de ser fuerte como una roca para poder vivir esta vida. Tu fe se hace fuerte cuando se pone en práctica. La fe no es algo de lo que haya que hablar. Se ha de vivir para que todas las almas puedan ver que no se trata de una especie de forma de vida gloriosa allá en las nubes, sino que es muy real y que se aplica a la vida diaria. Es inútil hablar de la fe o leer sobre ella si no vives según ella. Eso significa que te has de meter en la parte honda y nadar, y no limitarte a chapotear en la parte cercana a la orilla con tus pies en el fondo mientras te engañas diciéndote que sabes nadar. ¿Por qué no entrar en acción y vivir esta vida plena y gloriosa ahora?

21 Febrero

A nadie le gusta ser herido ni ofendido; a nadie le gusta ser ignorado o sentirse despreciado o no querido. ¿Por qué, entonces, no tratas a tus semejantes con respeto? Intenta comprenderlos y está dispuesta a acompañarlos durante un trecho del camino si es necesario. Sé muy tolerante, muy paciente y muy cariñosa. Así es como te gustaría que te trataran; vive, pues, como quisieras que otros vivieran. Sé un buen ejemplo, pero nunca lo hagas porque creas que eso es lo que se espera de ti. Hazlo porque quieres hacerlo y anhelas con todo tu corazón dar lo mejor de ti en todo lo que haces, dices y piensas. Cuanto mayor sea tu deseo, más fácil de cumplir será. No te quedes nunca satisfecha con algo mediocre o hecho sin entusiasmo. Asegúrate de obrar lo mejor que puedas, comprueba que tus motivaciones sean puras, y que no haya nada egoísta ni centrado en el yo en todo lo que hagas.

22 Febrero

Sé tu misma, y no trates de ser como nadie más. Hacer un mundo requiere toda variedad de personas. No os quiero a todos iguales, como si fuerais guisantes en una vaina. Necesito que todos seáis diferentes, cada uno a cargo de vuestro trabajo específico y jugando vuestro papel concreto, encajando de manera perfecta en el conjunto. Eso no quiere decir que, debido a que todos sois diferentes, sea necesaria desarmonía o discordancia alguna. Hay muchos instrumentos musicales en una orquesta, y cada uno tiene su lugar adecuado en el conjunto y encaja perfectamente cuando funciona en armonía con este. Tan solo se crea caos y discordia cuando las almas individuales se van por la tangente sin preocupación o consideración alguna por el conjunto. Cuando vuestro corazón esté en el lugar adecuado y viváis y trabajéis para el bien de todos, únicamente lo mejor surgirá. Por eso, deja de luchar y abandónate. Todo lo que has de hacer es ser, y dejar que todo se revele.

23 Febrero

Cuanto más recibes, más tienes que dar. No retengas nada para ti, sino da cada vez más y sigue dando y dando, y deja sitio así para llenarte cada vez más. Cuanto más consciente seas de los cambios que están teniendo lugar, y cuanto más abierta te muestres hacia ellos, más pronto sucederán. Forman parte de ti y tú formas parte de ellos. Está preparado el terreno y las semillas sembradas. Ahora ha llegado el tiempo de crecer, expandirse y florecer, y ese proceso es el que está teniendo lugar en este momento. ¡Contempla el milagro y la belleza de todo eso! Mira cómo cada vez más almas despiertan y se dan cuenta de lo que está sucediendo. Hay un tremendo impulso hacia adelante. Los caminos del Espíritu están comenzando a ser una realidad viva para muchas personas. Vive según el Espíritu, camina por los senderos del Espíritu, y hazte una con toda la vida.

24 Febrero

Lo que está bien para un alma quizá no lo esté para otra. Por eso es importante que busques tu propia dirección interna y que actúes según ella sin intentar seguir los pasos de nadie más. Tienes libertad de elegir, porque he dado libertad a todos los seres humanos. No eres como esas marionetas que no se pueden mover sin que les tiren de las cuerdas. Puedes buscar y averiguar lo que está bien para ti, y después depende de ti lo que hagas al respecto. Tan solo se encuentra verdadera paz de corazón y mente cuando sigues lo que sabes que para ti es lo correcto, por eso busca y continúa buscando hasta haber encontrado tu camino específico y después síguelo. Quizá eso suponga tener que estar sola y hacer algo extraño a los ojos de los demás, pero que eso no te desaliente. Haz lo que sea porque sepas en tu interior que para ti está bien hacerlo y que, únicamente, lo mejor puede venir de ello.

25 Febrero

Considera cada dificultad como un reto, como un impulso hacia adelante, y que nada ni nadie te defrauden jamás. Continúa avanzando, sabiendo que la respuesta se te revelará cuando persistas y perseveres. Sé fuerte y ten mucha valentía, sabiendo que habrás de llegar, venga lo que venga. Ya no hay vuelta atrás en este estadio. Todas las puertas han quedado cerradas y atrancadas tras de ti, así que debes seguir hacia adelante. El tiempo se va acortando, y hay mucho por hacer. Debes jugar tu papel en el conjunto del plan. Encuentra tu lugar adecuado en él, pues cuando sepas que encajas ahí, podrás estar en paz y hacer lo que se deba con completa confianza. Es un plan maravilloso, glorioso; no temas, pues, tomar parte en él. Sencillamente, da lo mejor de ti y ayuda a llevarlo a cabo tan pronto como sea posible, y observa cómo se revela en auténtica perfección.

26 Febrero

Hay momentos en que lo nuevo se revela de manera tan gradual que no notas los cambios que están teniendo lugar hasta que, de repente, te das cuenta de que todo ha sucedido sin ser consciente de ello. En otros momentos puedes ver producirse los cambios ante tus ojos a medida que se despliegan paso a paso. Y también hay momentos en que las cosas ocurren por la noche, o como en el invierno; entonces, cuando uno se va a la cama de noche, por fuera todo está normal, y al despertarse por la mañana todo ha quedado cubierto de nieve. No ha hecho falta que hicieras nada al respecto; ha sucedido de la manera más milagrosa. Hay muchas formas distintas en las que habrá de revelarse lo nuevo. Todo lo que has de hacer es andar a su compás y no resistirte. No es necesario que el cambio sea doloroso. Es inevitable porque nada puede permanecer igual; y si miras en el interior de tu corazón, no querrías que así fuera.

27 Febrero

Debes reconocer tu libertad para poder ascender espiritualmente hasta las mayores alturas. De otro modo, eres como un pájaro enjaulado que, aun cuando la puerta de la jaula esté abierta y sea libre para volar donde quiera, no puede reconocer su libertad y continúa revoloteando en su jaula sin llegar a ninguna parte. Puedes atravesar tu vida entera como ese pájaro, completamente ciega y aprisionada, a menos que reconozcas que eres libre y aceptes tu libertad y la utilices como se debe, en los ámbitos del Espíritu donde no hay limitaciones, fronteras ni barreras que te retengan. Todos los seres humanos son libres si así lo reconocen y lo aceptan. Esa libertad se te ofrece, pero has de aceptarla antes de poder utilizarla. ¿Por qué no aceptar tu libertad ahora, dándote cuenta de que nada ni nadie te ata, y de que eres capaz de hacer lo que desees?

28 Febrero

Anda y habita en ese reino que ha llegado, pero que espera ser reconocido y reclamado por un número cada vez mayor de almas. Rezas suplicando que venga Mi reino, que Mi voluntad se haga en la Tierra; ahora deja de suplicar y exígelo. Las oraciones sin fe son algo vacío. Debes aprender a orar creyendo con todo tu corazón, con toda tu mente y tu alma, para que tus oraciones, sean cuales fueren, sean muy reales y concretas, y para que sepas, sin duda alguna, que están teniendo una respuesta. No pongas límites a nada. No hay limitación en Mi reino, y Mi reino ha llegado, y en Mi reino todo es posible. Aprende a vivir más allá de ti misma y de tus limitaciones humanas. Vive en los ámbitos del Espíritu donde puedes hacer todas las cosas en Mí. Yo te fortalezco y te sostengo, por eso has de saber que YO ESTOY contigo siempre. ¿Cómo podría ser de otro modo, si YO ESTOY en tu interior?

29 Febrero

Todas las almas necesitan retirarse del mundo de vez en cuando para encontrar la paz que está más allá de toda comprensión. Todas las almas necesitan ser estabilizadas, y eso tan solo puede suceder en paz y quietud. Una vez esa estabilidad interna se ha establecido, puedes dirigirte a cualquier parte o hacer cualquier cosa sin que el caos y la confusión externa te afecten en modo alguno. ¿Te gusta permanecer silenciosa o te sientes incómoda en la quietud? ¿Se te hace raro encontrarte a ti misma en el silencio, y estás deseando el ruido y la acción a tu alrededor? ¿Quieres estar siempre ocupada haciendo cosas y encuentras gran dificultad en aquietar tu cuerpo y tu mente? Hay millones de almas en el mundo que no pueden soportar el silencio; tienen que tener ruido y acción constantes a su alrededor. Se encuentran inquietas por dentro y por fuera. Te digo que los tiempos de paz y quietud son muy valiosos en un mundo de agitación. Búscalos, encuéntralos y permanece en ellos.

MARZO

Se me mostró un molino de viento.
Soplaba un fuerte viento,
y las aspas giraban a gran velocidad.
A continuación el viento cesó
y las aspas dejaron de girar, porque dependían
por completo del viento para poder moverse.
Oí estas palabras:

No pongas tu seguridad
en las cosas de esta vida sino en Mí,
la fuente de todo poder
y fuerza en lo profundo de tu ser.

1 Marzo

Espera un milagro. Espera que se produzcan milagro tras milagro, y en modo alguno pongas límites. Cuanto más abierta estés, mejor, pues de ese modo no hay nada que se interponga ante el flujo de Mis leyes, y los milagros son sencillamente Mis leyes en acción. ¡Si fluyes con esas leyes, puede suceder cualquier cosa! Mira cómo se revela la perfección de Mi plan. No hay sensación de prisa o urgencia. Cuando algo se revela, puede hacerlo a gran velocidad, pero lo hace con una enorme impresión de paz y serenidad, con ritmo y precisión perfectos. Nada te asuste, pues nada hay que temer cuando tu fe y tu confianza están depositadas en Mí. YO ESTOY en tu interior, por tanto mira cómo se produce la perfección de Mi plan dentro y fuera de ti. Todo comienza desde dentro y se abre paso hacia el exterior; que por tu parte, pues, nada impida su progreso. Deja que todo suceda, y contempla el nuevo cielo y la nueva tierra.

2 Marzo

Muchas almas hablan de la fe, pero no la viven. Esas mismas almas dicen que Me aman, pero no conocen ni lo más elemental sobre el amor. Es una pérdida de tiempo decir que se ama a alguien a quien no se ha visto cuando se es incapaz de amar a aquellas almas más próximas y que necesitan de vuestro amor, sabiduría y comprensión. Aprende primero a amar a esas almas que he puesto en tu entorno inmediato; entonces sabrás lo que significa amarme de verdad. ¿Por qué andar a tientas por la vida cuando todo lo que hay que hacer es caminar firmemente por ella con fe y confianza, sabiendo que YO ESTOY con vosotros? Aquí ESTOY, ofreciéndoos a todos Mis dones buenos y perfectos, pero si no los aceptáis, no podéis beneficiaros de ellos. Os los doy libremente; libremente tenéis que aceptarlos, y utilizarlos sabiamente para beneficio de todos.

3 Marzo

Debes estar preparada para los cambios maravillosos que sucedan en la Nueva Era. Si puedes aceptarlos y absorberlos sencillamente como una hoja de papel secante, los cambios se efectuarán dentro de ti y a tu alrededor con gran paz y armonía. Te darás cuenta de que cambiarás al compás de ellos sin ser indebidamente afectada y podrás vivir y moverte y respirar en ellos con la misma naturalidad que un pez en el agua. Serás capaz de aceptar tu nuevo entorno y ajustarte perfectamente a él sin tensión alguna. Un niño pasa del parvulario a la escuela primaria y de la primaria a la secundaria sin dificultad, porque se mueve todo él al avanzar y lo hace paso a paso, aceptando cada materia y ajuste nuevos a medida que vienen. No se le podría pasar directamente desde el parvulario hasta la secundaria, porque andaría totalmente perdido. No te preocupes; no te haré pasar con demasiada rapidez. Todo está según Mi tiempo perfecto.

4 Marzo

Cuánto tiempo y cuánta energía se desperdician porque no te tomas el tiempo o la molestia de guardar silencio y esperar en Mí! Esa es la solución secreta a cada situación. ¿Por qué no la pones a prueba por ti misma llevándola a la práctica para ver qué sucede? Si no intentas algo y lo sometes a prueba, sigue siendo una teoría. Esta vida es una vida muy real y muy práctica, una vida de acción. No hay nada teórico en ella, pero de ti depende que hagas algo al respecto para comprobarlo. La luz del día está ahí, pero si no corres las cortinas, te quedarás a oscuras. El agua está en la cañería, pero hasta que no abras el grifo y dejes que salga, el agua va a quedarse detenida. La comida puede estar en tu plato, pero hasta que no la metas en la boca y la comas, no te sirve de nada. Así que ponte a hacer algo ahora mismo.

5 Marzo

Piensa en la totalidad, sé entera, y manifiesta la integridad en tu vida. Si quieres ser una persona completa, necesitas conocerte a ti misma, saber a dónde te diriges y qué es lo que estás haciendo, y después ir adelante con confianza llevando una vida completa, gloriosa y llena. Jamás albergues dudas respecto a ti o a tu capacidad de ser íntegra. Son las dudas, los temores y las preocupaciones las que te impiden establecer la entereza; deja, pues, de preocuparte y aparta todo temor y duda, en el conocimiento de que YO ESTOY contigo siempre y de que conmigo todas las cosas son posibles. Pero, recuerda, pon siempre tu fe y confianza en Mí, el Señor tu Dios, la divinidad en ti. Camina conmigo de la mano; consúltame en todo momento y déjame guiarte y dirigirte. ESTOY en tu interior, por tanto nada del exterior puede interferir nuestro contacto directo. Siéntete a salvo y segura en este conocimiento. Cuando tu seguridad está en Mí, todo está en verdad muy, pero que muy bien.

6 Marzo

Tan solo puedes tener un pensamiento cada vez. En consecuencia, asegúrate de que ese pensamiento sea constructivo, positivo y lleno de amor, y de ese modo te descubrirás diciendo cosas constructivas y actuando con amor. De hecho, toda tu actitud será positiva y tu vida se llenará de amor, gozo, felicidad, salud, éxito y armonía. Cuando te muestras susceptible y mantienes pensamientos negativos y destructivos, estos van minando todo tu ser. Tu aspecto se apaga y te sientes deprimida e incluso físicamente enferma. Intenta entender que tú atraes ese estado sobre ti a causa de tu manera de pensar errónea. Cámbiala y lo cambiarás todo. Quizá imagines que estás rodeada de muchas dificultades y que la culpa de tu estado mental negativo la tiene tu situación entera, pero ¿es así? ¿No se trata de tus pensamientos? ¿No eres libre de elevar tu conciencia y tener pensamientos de amor, positivos y constructivos que creen tu bienestar? La elección siempre está en tus manos.

7 Marzo

No puedes esperar crear paz y armonía en el mundo hasta haber encontrado paz y armonía en tu interior. Debes empezar contigo misma. Debes empezar de una forma pequeña y dejar que crezca y se expanda. Un roble fuerte tiene sus comienzos en una bellota pequeña, y, sin embargo, esa pequeña bellota ya lo contiene todo. Tú contienes la paz del mundo en tu interior, así que ¿por qué no dejar que crezca y se expanda en el interior hasta que ya no pueda contenerse e irrumpa hacia el exterior, llevando paz y armonía al mundo? Esta comienza en ti misma, por eso sé plenamente consciente de la parte, vitalmente importante, que tienes que jugar para ayudar a llevar paz y armonía al mundo. Nunca te quedes atrás acusando a nadie por el estado del mundo; en vez de eso, entra en acción y haz algo al respecto tú misma. Ahora, ten perfecta paz mientras haces Mi voluntad y caminas por Mis senderos glorificándome.

8 Marzo

Estás en este mundo para llevarle el bien. Estás aquí para irradiar amor, luz y sabiduría a aquellas almas que lo necesiten. Tienes trabajo que hacer, y puedes hacer ese trabajo solo si has resuelto tus problemas y puedes hacerte una con la totalidad, cuando ya no te quedes aparte criticando y separándote del resto. ¿Te sientes una con todas las almas que te rodean? ¿Te sientes en paz con el mundo, o tienes pensamientos conflictivos, críticos y destructivos? Recuerda siempre: amor, gozo y felicidad crean el ambiente adecuado y atraen entre sí a todas las almas de actitud afín. Estate atenta, pues, y comienza ahora mismo atrayendo hacia ti tan solo lo mejor. Puedes cambiar tu actitud y tu perspectiva por completo en un abrir y cerrar de ojos. ¿Por qué no hacerlo? Entra en armonía con la vida entera, y encuentra esa paz que está más allá de toda comprensión.

9 Marzo

En la medida en que aprendes a darte a los demás en servicio, este abre tu corazón y lo mantiene abierto. Cuanto más libremente des, y con más júbilo, más amor se vierte desde ti y más amor se atrae hacia ti. Cuanto más amor des, más recibirás. Esa es la ley. No te sientas decepcionada si el amor no te es devuelto de inmediato. Tan solo has de saber que sucederá más pronto o más tarde; por eso continúa haciendo que el amor fluya porque el amor nunca acepta un «no» por respuesta. El amor nunca es derrotado. El amor no es como un caracol; nunca se retira cuando se le rechaza o se le repudia. Vuelve la otra mejilla y continúa amando una y otra vez. ¿Puedes hacerlo tú? No puedes con tus propias fuerzas, pero conmigo se puede hacer cualquier cosa. Busca Mi ayuda en todo momento y nunca te defraudaré. Comprobarás que puedes amar y seguir amando sin ninguna dificultad.

10 Marzo

¿Por qué no utilizar lo que te corresponde? ¿De qué sirve tener luz eléctrica si no la enciendes y llenas la habitación de luz? ¿Por qué no seguir acudiendo a Mí en busca de ayuda y fuerza, y utilizar todos esos dones maravillosos que te aguardan? Deja de luchar tú sola, porque cuando Me conozcas y Me ames, querrás por siempre ser consciente de Mí y de Mi divina presencia. Querrás caminar en la luz, porque allí donde hay luz ya no permanece la oscuridad. Mediante tu forma de ser y de vivir positiva y constructiva generas luz; por eso no consientas que nada negativo en ti apague esa luz. Tal vez necesites hacerlo conscientemente hasta que toda la negatividad se desprenda de ti y aprendas a vivir de modo positivo todo el tiempo. Quizá te suponga un auténtico esfuerzo al principio, pero, gradualmente, se convertirá en algo tan natural como la respiración.

11 Marzo

Obra con Mis leyes, no contra ellas. Si obras contra ellas, emprendes una batalla perdida y no llegará a ninguna parte. Cuando sientas tensión, busca dentro de ti y averigua qué es aquello contra lo que luchas que te produce esa tensión. Puedes estar segura de que hay algo que está deteniendo tu progreso e impidiéndote alcanzar tu mayor bien. Que tu único deseo sea hacer Mi voluntad y andar por Mis caminos, y no permitas que nada se interponga para evitar que eso suceda. Cuando te tomes tu tiempo para buscar, sabrás cuál es Mi voluntad para ti, y de ti depende obedecerla sin vacilación. Cuando obres y vivas en armonía, sabrás el significado de la auténtica libertad, libertad de corazón, mente y Espíritu. Surgirán de tu interior una sabiduría y una comprensión insospechadas. Cuando estás en ese estado de conciencia, puedo utilizarte para ayudar a traer el nuevo cielo y la nueva tierra.

12 Marzo

Has de saber sin sombra de duda que eres perfecta, tanto como YO SOY perfecto, y que no hay mancha en ti. Comienza ahora mismo a ver lo mejor en tu interior y haz que salga así lo mejor de ti. Está en lo más profundo de tu ser, pero ha quedado tan oculto que resulta difícil de ver. Cuando te tomes un tiempo para darte cuenta de que somos Uno, verás lo mejor en tu interior, dejarás de subestimarte y acabarás con toda falsa imagen del verdadero yo. Repítete una y otra vez: «Yo y Mi Amado somos Uno», hasta que eso adquiera algún significado para ti. Cuando te encuentres muy decaída, diríjete esas palabras en silencio, y siente cómo, poco a poco, sales de ese abismo de abatimiento y autoconmiseración. Repítelas hasta que conozcas la realidad de esas palabras y veas la totalidad de toda vida y sepas que eres parte de esa vida.

13 Marzo

«Queda transformada por la renovación de tu mente.» Una serpiente no puede crecer sin abandonar su vieja piel. Un polluelo no puede salir del cascarón sin abrirlo. Un niño no puede nacer sin salir del vientre de su madre. Esos procesos naturales han de ocurrir para producir cambios. Suceden paso a paso y nada puede detenerlos. Si el polluelo no tiene la fuerza suficiente para irrumpir fuera del cascarón, se muere. Hay un tiempo para cada cosa. Puedes intentar evitar que los cambios sucedan porque te sientes segura allí donde estás y preferirías quedarte en los confines de lo que conoces en lugar de adentrarte en lo desconocido; pero en esos confines te ahogarías y morirías. Intenta comprender y aceptar la necesidad de cambiar todo lo que está ocurriendo en este tiempo. Levanta tu corazón y agradece esos cambios y forma parte de ellos.

14 Marzo

Tu tarea es crear el nuevo cielo y la nueva tierra. Por eso no pongas el énfasis en los problemas y las tribulaciones, en la enfermedad y el sufrimiento, en las guerras y las luchas del mundo. No consientas enmarañarte en ellos, pues si lo haces, llegarás a ser parte de la enfermedad y no de la cura. Cuando elevas tu conciencia, quedas inmunizada frente al problema del mundo, y puedes vivir y trabajar con él a tu alrededor y, sin embargo, este no te tocará ni te afectará en modo alguno. Un médico o una enfermera han de quedar inmunizados para poder trabajar libremente con enfermedades muy infecciosas, y no han de tener miedo. No albergues temor cuando veas empeorar la situación del mundo. No desesperes nunca. Simplemente permanece con fe, que tu mente esté firme en Mí, y has de saber que todo está muy muy bien.

15 Marzo

Al avanzar hacia lo nuevo, sé consciente de Mí y de Mi divina presencia en todo momento, y mantén tu mente firme en Mí. Eso te ayudará a mantenerte en un estado de conciencia elevado para poder avanzar sin dificultad. Ponme en todo lo que hagas, digas y pienses. Compártelo todo conmigo. Cuando no tienes nada que ocultar, conoces la verdadera libertad del Espíritu. Te necesito libre para que Mis maravillas puedan revelarse ante ti sin que nada en tu interior lo detenga. Hay mucho que espera desplegarse; tan solo acaba de comenzar. ¡Imagina los prodigios y las bellezas, ni siquiera soñadas todavía, que están esperando revelarse! Será como adentrarse en un nuevo mundo con formas, leyes e ideas nuevas. Mantén tu mirada elevada. Mantén en todo momento la visión de la Nueva Era ante ti. Te encontrarás entrando en ella de un modo muy natural, y llegará a formar parte de ti.

16 Marzo

Que no haya sentimiento de competición en tu interior. Cuando te des cuenta de que cada cual tiene una parte específica que ofrecer al conjunto, ese espíritu de competición desaparecerá y serás capaz de relajarte y ser tú misma. Cuán sencilla se vuelve la vida cuando dejas de intentar ser lo que no eres. Tienes tu parte que jugar en el conjunto, así pues, ejecútala de la mejor manera posible según tu capacidad. Os digo que os améis los unos a los otros. ¿Lo haces, o te limitas a ser tolerante, poniendo excusas y diciendo que hay algunas almas con las que se supone que no puedes conectar porque sois polos opuestos? Todos sois amados Míos, y cuanto antes os deis cuenta de ello mejor, porque para Mí sois uno, y Mi amor alcanza a todos por igual. Cuando podáis aceptar vuestra unidad conmigo, seréis capaces de aceptar vuestra unidad entre vosotros.

17 Marzo

No se tiene todo el conocimiento y la sabiduría sin que emerjan gradualmente desde dentro. La vida es un continuo despliegue. Cuando niña, tuviste que aprender ciertas lecciones fundamentales. Si acercabas la mano para tocar el fuego, te decían que estaba muy caliente y que te ibas a quemar. Pero si no obedecías y siguiendo tu impulso tocabas el fuego, te quemabas y lo encontrabas muy doloroso. Sin embargo, eso te enseñaba a no tocarlo más. En esta vida espiritual tienes que aprender algunas lecciones fundamentales, y si no las sigues, has de asumir las consecuencias. Algunas personas aprenden de una forma muy rápida y quedan preparadas para continuar con lecciones mayores, hasta que, finalmente, están tan adiestradas que ya no han de aprender más lecciones; fluyen con la vida en perfecta armonía y unidad con todo. Ese es el último estado de conciencia que todos han de alcanzar.

18 Marzo

¿Está tu corazón en lo que haces? No puedes crear el nuevo cielo y la nueva tierra si lo que haces carece del sello del amor y la dedicación. Asegúrate de que lo que hagas, se trate de lo que se trate, sea hecho para Mi honor y Mi gloria. De ese modo querrás hacerlo de un modo perfecto. Recuerda, nunca hagas una tarea porque tenga que ser hecha. Si tal es tu actitud, incluso antes de emprender ese quehacer retírate en soledad, busca la gracia, y entra en sintonía. Cuando tu actitud haya cambiado y te sientas en paz y armonía, adelante con ello. Verás cómo cuando tu actitud es correcta puedes hacerlo no solo a la perfección sino con mayor rapidez. Cuantas más almas puedan hacer lo que se ha de hacer con el espíritu justo, más deprisa vendrá Mi cielo a la tierra.

19 Marzo

Sé como un libro abierto que no oculta nada y cuyas páginas son accesibles a la lectura de todos. Cuando no tienes nada que ocultar, sabes lo que es ser completamente libre y sin trabas. Comparte lo que guardas en el corazón y no temas ser ridiculizada. Mantente muy consciente de Mí y de Mi divina presencia, y sé tan sencilla como un niño pequeño. La sencillez es la marca de esta vida espiritual; no hay nada complicado en ella. Si crees que es complicada, eso es algo de tu propia hechura; por tanto, cambia tu actitud hacia ella y verás lo que sucede. No malgastes el tiempo buscándole tres pies al gato. Todo lo que necesitas está en tu interior esperando revelarse y desplegarse. Todo lo que has de hacer es guardar silencio y tomarte el tiempo de buscar lo que está en tu interior, y con toda seguridad lo encontrarás. La respuesta está ahí. Sé muy paciente, espera en Mí, y todo te será revelado a su debido tiempo.

20 Marzo

Lo que piensas, lo que haces, y tu comportamiento pueden tener un efecto tremendo sobre el estado del mundo. Por tanto, empieza ahora a mirar la cara luminosa de la vida, buscando lo mejor en cada situación que surja. Si miras con suficiente profundidad, lo verás; está ahí, pero, a veces, queda tan oculto que parece haberse perdido. Quiero que sepas que todas las cosas funcionan al unísono para el bien de aquellas almas que Me aman verdaderamente y Me ponen en primer lugar en todas las cosas. Tu fe debe ser fuerte e inquebrantable. Debes estar presta a la firmeza, aun cuando la situación parezca ser oscura y tenebrosa. Quizá incluso sea necesario verla empeorar todavía más antes de que mejore. Tan solo has de saber que todo obrará con auténtica perfección en el momento justo y que todo está en Mis manos. Date cuenta de que YO ESTOY en todas partes y en cada cosa, de que no hay lugar alguno en el que Yo no esté, y de que la meta final es la perfección.

21 Marzo

La primavera ha llegado. Ha llegado la Nueva Era. Despierta de tu sueño y contempla la maravilla de los tiempos, pues estos tiempos que estás viviendo son realmente maravillosos. Mira lo mejor en todo lo que está sucediendo. Espera cambios y muévete con ellos, sin permitir que nada los detenga. Nunca temas lo nuevo, lo desconocido; adéntrate ahí sin temor, sabiendo que YO ESTOY contigo siempre, y que nunca te abandonaré. Reconóceme en todo, y dame el honor y la gloria. Quiero que sepas que estás entrando en la Edad de Oro, por eso no te preocupes ni luches contra los cambios que están teniendo lugar en este tiempo. La hora más oscura viene antes del glorioso amanecer. El amanecer está aquí; viene con un ritmo perfecto, y nada puede impedir que se produzca. Todo el universo funciona con ese ritmo perfecto, ¿por qué no habrías de hacerlo tú?

22 Marzo

Cuando anheles hacer lo correcto y tomar el camino recto, lo harás. Debes ser fuerte para poder resistir las tentaciones que puedan asaltarte en el camino y reconocerlas por lo que son. Cada tentación vencida te da mayor fuerza y estabilidad interna, y te hace capaz de enfrentarte a cualquier cosa sin vacilar. Mis caminos son muy extraños, pero recuerda que Yo veo siempre la totalidad del cuadro, mientras que tú tan solo ves una pequeña porción del mismo. Veo a todos los actores en el teatro de la vida; tú únicamente ves a los que tienes a mano. Uno a uno les señalo el camino, y lo siguen y juegan su papel dentro de la totalidad del inmenso plan; y de ese modo el plan se despliega con auténtica perfección. Obsérvalo desplegarse y gloríate en su maravilla. Acéptalo todo con un corazón pleno y agradecido, y mira Mi mano en todo lo que está teniendo lugar.

23 Marzo

¿Por qué no empezar ahora a pensar en la abundancia? Date cuenta de que no hay virtud en ser pobre. Quiero que entiendas que el dinero en sí no es ni bueno ni malo; tan solo es. Está para ser usado, y ha de mantenerse circulando en lugar de ser acumulado. Es energía, y la energía ha de ser manejada con sabiduría. La electricidad es energía, y no la manejas tontamente, pues, si así fuera, te destruiría. ¿Por qué manejar el dinero, entonces, de una manera irresponsable? Cuando puedas aceptar la verdadera libertad del Espíritu, podrás quitarte de encima toda sensación de limitación, todo sentido de carencia. Aprende a usar todo lo que tienes con auténtica sabiduría, comprendiendo que todo lo que te concedo debe ser usado para Mi honor y Mi gloria y que has de ser una buena administradora de todos Mis dones buenos y perfectos.

24 Marzo

No intentes prever lo que está por venir con demasiada antelación o hacer planes muy a largo plazo, porque si los haces, quizá tengas que cambiarlos por completo. Mejor será dejar que todo vaya desplegándose, y verás cómo todo se sucede a una velocidad mucho mayor de lo que puedas imaginar. No te impacientes al respecto; tan solo espera en Mí y mira cómo todo se abre paso del modo más maravilloso. Pero el ritmo ha de ser el justo. Cuando el invierno es cerrado, siempre da la impresión de que no vaya a acabar nunca, sin embargo, antes de que uno se dé cuenta de lo que está pasando, la primavera, de una manera muy modesta, empieza a irrumpir. Ese es el proceso que está ocurriendo con lo nuevo. Al igual que la primavera, está aquí ya, y el invierno, lo viejo, ha pasado. Aunque quizá no te hayas dado cuenta o no termines de aceptarlo del todo, y hasta que eso suceda, tus ojos no quedarán abiertos a toda su maravilla. Abre los ojos y no te pierdas nada de lo que está ocurriendo en este momento.

25 Marzo

A medida que se libera más amor en el mundo, se produce una maravillosa curación. Es como un bálsamo vertido en las heridas, un bálsamo que sana y que restaura la integridad del conjunto. El amor empieza en el individuo. Comienza en tu interior, y crece como una semilla, irrumpiendo y revelando una gran belleza e integridad. Eso es lo que está sucediendo ahora. Muchas almas notan que les sucede algo, pero se quedan extrañadas y no saben de qué se trata. Buscan en el exterior, esperando encontrar una pista que les muestre lo que les está sucediendo. Otras almas sienten una conmoción, pero las asusta lo que sienten porque se trata de algo nuevo, extraño y desconocido, e intentan acallarlo. Nada podrá detener esta liberación del amor. Es como el genio de la botella; una vez liberado, no puede volver a entrar en ella. No se le puede ocultar ni ignorar. De un modo gradual se revelará en todos. Ha venido para quedarse.

26 Marzo

Siempre queda algún peldaño más de la escalera por subir. No flaquees y sigue siempre adelante, subiendo hacia lo más alto. La vida es movimiento, es cambio, es crecimiento. Ninguna alma puede permanecer en el mismo estado todo el tiempo. La naturaleza no puede permanecer estática; siempre está cambiando y expandiéndose; creciendo de un estadio al siguiente. La bellota crece hasta ser un fuerte roble; un bulbo crece y produce hermosas flores; la semilla del maíz produce grano. Siempre se están produciendo cambios. Si no hay cambios en tu interior, puedes estar segura de que algo anda mal, y es necesario que averigües de qué se trata y que hagas algo al respecto. No te resistas al cambio; fluye con él y acéptalo. Quizá no siempre resulte cómodo, pero muéstrate dispuesta a aceptar alguna pequeña incomodidad para que la novedad gloriosa pueda desarrollarse en y a través de ti, transformándote en un nuevo ser, lleno de luz, amor e inspiración.

27 Marzo

La paz esté contigo. Ser Uno conmigo es estar en paz, porque la paz comienza en lo profundo del alma y después se refleja en el exterior. Cuando hayas encontrado paz y estabilidad internas, podrás dirigirte a cualquier lado y soportar cualquier cosa. Puedes incluso caminar en el valle de la sombra de la muerte sin temer nada, pues a esa paz interna acompañan una serenidad y una tranquilidad que nada ni nadie pueden perturbar o destruir. A medida que reconozcas y aceptes tu verdadera relación conmigo, y lo hagas de un modo tan simple como un niño sin complicaciones, tu vida entera se llenará de gozo y gratitud. Entonces no podrás albergar temor alguno, y te parecerá que llevas una vida atractiva, y que estás completamente protegida, pues donde no hay temor hay una completa protección. El temor es lo que abre la puerta del peligro y te hace vulnerable. Por eso, acaba con el temor, que Mi paz y Mi amor te llenen y te rodeen, y da eternas gracias.

28 MARZO

YO SOY Espíritu. YO ESTOY en todas partes. YO SOY todas las cosas. No hay lugar alguno en el que no esté. Cuando te das cuenta de verdad de ese hecho y puedes aceptarlo, sabes que el reino del cielo está en tu interior, y puedes cesar de buscar y volverte hacia el interior. Así, dentro de ti encuentras todo lo que buscas. ¡Qué pocas almas hoy en día lo hacen! Están demasiado ocupadas buscando en todas partes excepto en su interior. Cuando puedas aceptar que YO ESTOY en tu interior, jamás volverás a sentirte sola; jamás tendrás que dirigirte al exterior para buscar la respuesta a tus problemas. Pero cuando surja algo que necesite una respuesta, buscarás esa paz y tranquilidad dentro de ti, pondrás todos tus problemas y preguntas ante Mí, y yo te daré las respuestas. Por eso has de aprender a obedecer y seguir exactamente lo que te revelo desde dentro. Has de aprender a vivir según Mi palabra y no tan solo a escucharla.

29 Marzo

Mantén tu vida tan simple como sea posible y disfruta al máximo las bellezas y los prodigios sencillos que están ahí para ser compartidos por todos, pero que tan a menudo se pasan por alto. Sé como un niño, capaz de ver y de disfrutar esas aparentemente nimias e insignificantes maravillas de la vida: la belleza de una flor, el canto de un pájaro, la gloria de un amanecer, las gotas de lluvia resbalando por el cristal de una ventana. ¡Qué cosas tan simples y, sin embargo, qué hermosas son cuando las miras con ojos que de verdad ven y dejan de apresurarse por la vida con tal urgencia que las pasan por alto! ¿Ves Mis maravillas y bellezas a tu alrededor? ¿O está tu mente tan ocupada con los cuidados y preocupaciones del día que estás ciega, sorda y decaída, y no ves nada pues tan ocupada estás en ti misma? ¿Porqué no intentas hoy darte cuenta de todo lo que sucede a tu alrededor?

30 Marzo

Nada ocurre por casualidad. Hay un diseño y un plan perfectos atravesando la vida entera, y tú eres parte de ese conjunto y por tanto parte de ese plan y diseño perfectos. Cuando veas que suceden cosas extrañas en tu vida y te preguntes por qué deben ocurrirte a ti, tómate tiempo para ver cómo encaja eso, y verás una razón para cada cosa. Las razones quizá no sean siempre las que tú esperabas, pero a pesar de eso está dispuesta a aceptarlas y a aprender de ellas, y no luches en su contra. La vida no debería requerir esfuerzos. Una flor no lucha para abrirse ante los rayos del sol, así que, ¿por qué habrías de luchar tú para abrirte ante los rayos de Mi amor sin límites? Si lo haces, es cosa tuya y no parte de Mi diseño y plan perfectos para ti. La sencillez es Mi sello, así pues, que tu vida sea simple. Mantente en constante contacto conmigo, y observa cómo te abres ante Mi amor.

31 Marzo

Cuando estés en sintonía con la vida, te encontrarás haciéndolo todo en el momento justo. Todo lo que has de hacer para sintonizarte es tomar tiempo para entrar en el silencio y encontrar un contacto directo conmigo. Por eso, los tiempos de paz y silencio son tan vitalmente importantes para ti, mucho más de lo que pareces darte cuenta. Un instrumento musical, cuando está desafinado, crea desarmonía; también tú, si te encuentras desafinada. Un instrumento musical ha de afinarse; también tú has de afinarte y no puedes hacerlo a menos que dediques un tiempo a estar en quietud. No puedes hacerlo si andas con prisas de aquí para allá, al igual que un instrumento musical no puede afinarse mientras se está tocando. Únicamente si hay silencio se pueden escuchar y reajustar las notas. Solo en el silencio puedes escuchar Mi pequeña voz silenciosa, y puedo decirte lo que hay que hacer.

ABRIL

Se me mostró un pajarilla que estaba
aprendiendo a volar. Sus primeros esfuerzos
eran muy débiles. Pero al usar sus alas
cada vez más, estas se hicieron fuertes
hasta haber encontrado la libertad de volar
y ser capaz de ascender a grandes alturas
y surcar largas distancias sin ningún esfuerzo.
Oí estas palabras:

La fe llega con la práctica.
Vive según la fe hasta que sea fuerte
e inquebrantable como una roca,
y encuentra la verdadera libertad del Espíritu.

1 Abril

La primavera se desarrolla con auténtica perfección. Esta es la primavera de la Nueva Era, y también ella se está desarrollando con la misma perfección verdadera. Tú formas parte de ella, y ella te aporta vida nueva. Consigo trae una gloriosa sensación de libertad y abandono completos, una explosión de viejas formas estrechas que da paso a un espacio nuevo en el que no hay limitaciones. Siéntete crecer y expansionarte en todas direcciones, con la sensación de que cualquier cosa puede suceder en cualquier momento. Sé como una corredora en la línea de partida, con tus talones preparados, dispuesta a salir ante la señal de comienzo. Están sucediendo muchas cosas a todos los niveles en este tiempo. Vienen cambios y tú eres parte de ellos, así que camina con ellos. Estate presta a cambiar y hazlo rápidamente cuando y donde sea necesario. No vaciles ni te quedes atrás. Adéntrate en todo lo que está sucediendo con rapidez y seguridad, con confianza y fe absolutas.

2 Abril

Hay un tiempo y una estación para cada cosa. Es cuestión de dejar que tu vida sea guiada por Mí para que así conozcas el tiempo y la estación justos con un claro conocimiento interno, y puedas moverte con prontitud siguiendo esos dictados internos con absoluta confianza. Cuando estás en paz en tu interior, el tiempo no significa nada; solo te parece que el tiempo pasa lentamente cuando no eres feliz y estás incómoda, y te parece que el día nunca se va a acabar. Si disfrutas con lo que haces, el tiempo vuela y quisieras que el día tuviera más horas. Es importante que aprendas a disfrutar al máximo con todo aquello que emprendas y que tu actitud hacia eso sea la correcta. Harás muchas más cosas y las harás con amor, y por tanto de un modo perfecto. Que la perfección sea tu meta en todo momento. Cuando haces algo con amor, lo estás haciendo por Mí.

3 Abril

La clave de tu felicidad y contento reside en lo profundo de tu ser, en lo hondo de tu corazón y de tu mente. Es muy importante la forma de empezar el día; puedes levantarte con el pie derecho o con el izquierdo. Puedes despertarte con un canto de gozo y gratitud en tu corazón por el nuevo día, por estar viva, por el mismo milagro de la vida, y por estar acorde y en armonía con el ritmo de la vida en su totalidad. Puedes esperar lo mejor del día que comienza y de ese modo atraerlo hacia ti, o puedes empezar con resentimiento, a disgusto y con un ritmo discorde. Eres responsable de lo que el día de hoy traiga, y saber eso te proporciona incluso mayor responsabilidad que a esas almas que no son conscientes de ello y por tanto no conocen nada mejor. No puedes culpar a nadie de tu estado mental. Todo depende de ti.

4 Abril

¿Dónde te encuentras en la escalera de la vida? ¿Has tocado fondo y estás remontando la pendiente? ¿Te has mostrado dispuesta a dejarlo todo en la vida para ponerme en primer lugar, no porque tengas miedo sino debido a tu profundo amor por Mí y a tu anhelo de hacer Mi voluntad y andar por Mis caminos? ¿Puedes decir «Hágase Tu voluntad», y decirlo de verdad, y estar dispuesta a hacer lo que te pida por extraño o ridículo que parezca a los ojos de los demás? Se requiere valor y un conocimiento y certidumbre internos tan profundos que nada sea capaz de desequilibrarte. Solo las almas que sean fuertes podrán seguir este camino espiritual. No es para esas otras que escogen seguir su camino y se niegan a oír Mi palabra. No hay atajos en esta vida espiritual. Tienes que buscar y encontrar tu propia salvación.

5 Abril

Cuando un niño pequeño empieza a andar, da unos pocos pasos vacilantes antes de ganar confianza, y a medida que lo hace sus pasos se vuelven cada vez más firmes y seguros hasta que, con el tiempo, puede caminar sin caerse. Enseguida aprende a correr y a saltar, pero se ha de alcanzar un estadio cada vez. Así también con la fe. Se ha de construir gradualmente; no llega por completo de una vez. A medida que pongas tu fe a prueba, esta irá creciendo hasta que seas capaz de dar un salto y vivir por entero según la fe porque tu seguridad encuentre su suelo y sus raíces en Mí. Sabes que puedes hacer todas las cosas conmigo, porque soy Yo el que, obrando en ti y a través de ti, hago que sucedan, pues por tu propia fuerza tú no podrías hacerlas. Reconoce siempre tu fuente de socorro, fuerza e inspiración, y nunca dejes de dar gracias por ella. No des nada por hecho sino reconoce Mi mano en todas las cosas.

6 Abril

Hay muchas pequeñas cosas en la vida diaria que pueden causar desunión y desarmonía con facilidad. Trasciéndelas y crea unidad en lo que importa en la vida: en tu amor por Mí, en tu amor por los demás, en vivir y trabajar para el bien de todos, y en olvidar el yo y todos esos pequeños incidentes que vuelven a asomar su cabeza en relación con los gustos y disgustos personales. Cuando un alma se obstina en creer que está en lo cierto y se niega en rotundo a ceder en esto o en aquello, tarde o temprano acabará cediendo. Si estiras una pieza elástica hasta que ya no pueda alargarse más, o bien se romperá o, si la sueltas de repente, dará un chasquido bruscamente y te hará daño al volver a su posición. Pero si la vas soltando, poco a poco, recuperará su forma original sin romperse ni causar innecesariamente daño o sufrimiento alguno. ¿Por qué no abres tu corazón y sueltas esa tensión y esfuerzo poco a poco? El amor y la comprensión siempre ayudarán a suavizar el camino.

7 Abril

Solamente cuando expandes tu conciencia, estás abierta y receptiva a lo nuevo que hay alrededor de ti y puedes sintonizar con pensamientos, ideas y formas de vida nuevas. Está dispuesta a ver, más allá de lo inmediato, dimensiones y ámbitos más elevados, y ábrete a los caminos del Espíritu. Hay mucho que puedes comprender y aceptar de una forma intuitiva, cosas ante las cuales la mente se queda anonadada; ¿por qué, pues, perder el tiempo intentando resolverlo todo con la mente? ¿Por qué no estar dispuestos a vivir y a actuar según la intuición y la inspiración? Cuando así lo haces, fondonas desde un nivel de conciencia elevado y estás receptiva ante lo nuevo. Te conviertes en un canal sin obstrucciones para que lo nuevo se manifieste en ti y a través de ti. Eleva, entonces, tu conciencia desde lo negativo a lo positivo, desde lo destructivo a lo constructivo, desde la oscuridad a la luz, y desde lo viejo a lo nuevo, y comprueba lo que sucede. Verás que lo viejo desaparece revelando la novedad gloriosa.

8 Abril

No te apoyes en nadie. No necesitas apoyos ni seguridades externas, porque lo tienes todo en lo profundo de tu ser. Lo que todo el mundo ansia es paz interna, y está ahí si te tomas tiempo para buscarla. ¿Dedicas tiempo a buscar la verdad o aceptas todo lo que oyes, ves, y lees de buenas a primeras? Cuando sabes algo desde dentro, nada ni nadie pueden hacerte dudar. Se trata de algo tan real para ti que no importaría que el mundo entero fuera en contra tuya, diciéndote que estás equivocada. Serías capaz de seguir tranquilamente tu camino sin que eso te perturbara o te desequilibrara en lo más mínimo. Ese es el gozo y la fuerza del conocimiento interno. Es lo que puede darte la paz que está más allá de toda comprensión. Por eso siempre que albergues una duda respecto a algo, dirígete hacia adentro y busca la verdad, y te la revelaré; después, sigue tu camino en paz y con confianza.

9 Abril

No se puede construir un templo fuerte sin una cimentación sólida. No se puede construir el nuevo cielo y la nueva tierra sin amor, amor entre vosotros y hacia Mí. El amor comienza por las cosas pequeñas de la vida y se extiende desde ellas. Siembra semillas de amor allá donde vayas, y mira cómo crecen, florecen y dan fruto. Incluso esas semillas de amor que han sido plantadas en los corazones más duros comenzarán a crecer al final; quizá les cueste germinar, pero si se las cuida con atención y cariño, no pueden dejar de crecer. Por eso, que nadie te parezca un caso desesperado; sencillamente, vierte amor sin cesar y no endurezcas tu corazón. Deja de intentar justificarte a ti o a tus actos. Deja de echar la culpa a la otra persona. Busca en tu propio corazón, resuelve lo que haya que resolver en tu interior, y encuentra la paz perfecta de corazón y mente. De ese modo puedes dirigirte a cualquier parte con verdadera dicha y libertad, irradiando cada vez más amor. Nunca puede haber demasiado amor. Haz que fluya libremente.

10 Abril

La vida es lo que se hace de ella. ¿Por qué no encontrar lo mejor en cada situación y disfrutar al máximo, sin importar dónde estés o lo que estés haciendo? Nunca malgastes el tiempo y la energía deseando estar en alguna otra parte, haciendo algo distinto. Quizá no siempre entiendas por qué te encuentras donde estás, pero puedes estar segura de que hay una buena razón y de que hay que aprender una lección. No luches en contra de ello; averigua cuál es la lección y apréndela con rapidez para poder continuar. ¿No querrás quedarte estancada, verdad? Si dejas de resistirte y sencillamente aceptas las lecciones que hay que aprender, cogiéndoles el tranquillo, encontrarás la vida mucho más fácil y, lo que es más, disfrutarás con los cambios que ocurran. Una planta no se resiste al crecimiento o al cambio; simplemente, fluye con ellos y se abre con auténtica perfección. ¿Por qué no haces tú lo mismo?

11 Abril

Estáis en el mundo, pero no sois de él. No es necesario que los caminos del mundo os depriman. Disfrutadlos, sin embargo, no intentéis poseerlos ni que os posean. En la Nueva Era no es preciso llevar el hábito de la penitencia ni ir por todas partes declarándose un gran pecador indigno de ser considerado Mi bienamada criatura. Toda esa enseñanza pertenece a la vieja era y es falsa e irreal. Acepta que somos Uno y que YO ESTOY dentro de ti. Siente que estás siendo elevada por encima de la oscuridad de toda esa falsa enseñanza en la gloriosa luz. Deja atrás todo lo viejo y permítele morir de muerte natural. Entra en lo nuevo, renacida en el Espíritu y en la verdad, y conoce el significado de la verdadera libertad. Te necesito libre, no atada al yo o a las preocupaciones por ti misma. Sé como una niña pequeña, libre y llena de júbilo, y vive en el presente eterno ahora.

12 ABRIL

Da gracias por todo lo que tienes, por todo lo que recibes, y por todo lo que vas a recibir. De hecho, no dejes de dar gracias, pues es esa misma actitud positiva hacia la vida y el mismo acto de dar gracias lo que atrae lo mejor hacia ti. Te ayuda a mantener la mente y el corazón abiertos; te ayuda a expandir tu conciencia. Seguro que siempre hay cosas que agradecer, y a medida que lo hagas y comiences a contar esas bendiciones, estas se incrementarán. Te darás cuenta de cuán bendecida estás, de que todo lo que tengo es tuyo, y de que Mis almacenes de abundancia están llenos a rebosar y no careces de nada. Cada una de tus necesidades se satisface de forma maravillosa, y en ese estado de conciencia eres capaz de dar sin calcular el precio, pues es al dar cuando recibes. A medida que das, dejas sitio para que te sea devuelto más.

13 Abril

Soy tu fuente de suministro y todo lo que tengo es tuyo. Mi abundancia infinita está a mano para todos, pero tu conciencia debe ser de abundancia, sin que albergues pensamientos de carencia o falta. Siente tu conciencia expandirse cada vez más, y que continúe expandiéndose sin limitación, porque la limitación causa bloqueos en el flujo constante. Con la limitación viene el temor, y con el temor el estancamiento; y cuando algo se estanca, se detiene la circulación y se pudre. Que fluya la circulación. Permite que haya un constante dar y recibir en todos los niveles, y reconoce el significado de la abundancia infinita. Reconoce que eres una conmigo, que eres una con toda la riqueza del mundo y que nada es para el yo, para acaparar. Todo hay que usarlo con prudencia. Sé una buena administradora de todos Mis dones buenos y perfectos. Busca Mi guía y Mi dirección en lo que respecta al uso recto de Mi suministro infinito.

14 Abril

Es importante que haya un equilibrio en cada situación en todo momento. Notarás que hay un equilibrio perfecto siempre que todo lo que emprendas quede bajo Mi guía. Por eso has de permitir que la vida se desarrolle sin intentar forzar nada, pues de ese modo nada puede ir mal ni a destiempo. No quiere decir que tengas que sentarte sin hacer nada, esperando que todo caiga en tus manos. Has de mantenerte muy alerta; debes mantener tu conciencia elevada; has de esperar lo mejor; has de tener fe en que todo está muy muy bien. Tienes que esperar en Mí con absoluta fe y confianza. Tienes que saber sin sombra de duda que YO SOY tu constante guía y compañero. Tienes que saber que tus caminos están guiados por Mí y solo por Mí, para que cada paso que des sea firme y seguro y para que todo lo que hagas sea hecho con amor.

15 Abril

¡Qué fácil es arremeter contra la situación del mundo y quejarse de ella, echándole las culpas a todos, excepto a ti, por lo que sucede! Es fácil decir: «¿Por qué no hacen nada al respecto?» ¿Por qué no haces tú algo al respecto? Jamás te quedes sentada sintiéndote impotente e imaginando que no puedes hacer nada que sirva de ayuda. Puedes hacerlo y puedes empezar a ayudar ahora mismísimo. Puedes empezar a poner tu propia casa en orden. Puedes limar todos los roces debidos a malentendidos e intentar corregir las equivocaciones. Puedes expandir tu conciencia de modo tal que seas capaz de ver la vida desde un ángulo diferente y más amplio. Puedes aprender a ser más tolerante, más abierta, a tener más amor, y a ver las dos caras de la cuestión. Puedes empezar ahora mismo a eliminar toda amargura, toda crítica y negatividad de tu forma de pensar. Notarás que si cumples tu parte, estarás ayudando a todos. Pero no puedes hacerlo por ti misma. Hazlo con Mi ayuda.

16 Abril

¿Por qué no hacer lo que te gusta hacer en la vida, siempre que no dañe a alguna otra alma y te reporte bien a ti y a todas aquellas almas por las que te preocupas? Aprende a hacer cada cosa a su debido tiempo, de la forma adecuada y sin grandes tensiones o esfuerzos. Los niños pequeños saben cómo disfrutar de la vida. Hazte como un niño pequeño que no tiene inhibiciones y aprende a disfrutar de la vida sin ninguna restricción, preocupación o inseguridad. No hagas siempre las cosas porque creas que han de hacerse o que tú las has de hacer. Cuando se hace algo de manera compulsiva, desaparecen el gozo y el placer. Aprende a hacerlo todo por el gusto de hacerlo. Entrégate todo lo que debas por el mero gusto de darte y por el mero gusto de vivir, y comprueba cuán diferente te resultará la vida.

17 Abril

Busca y encuentra tu conexión directa conmigo, y retén ese vínculo pase lo que pase a tu alrededor. Ese vínculo conmigo, lo Divino, es la fuente de toda energía, y es esa energía la que crea milagros. ¿Qué son los milagros sino la operación de Mis leyes divinas? Obra con esas leyes y cualquier cosa puede ocurrir. Tu identificación con la unidad de toda vida, con toda la sabiduría y energía, es lo que abre las puertas y permite que las leyes obren en ti. ¿Por qué quedarse atrás viendo cómo suceden milagros en la vida de los demás cuando pueden suceder igualmente en la tuya? Los milagros se manifiestan cuando te sintonizas con esa energía y unidad y cuando puedes aceptar que eres capaz de hacer todas las cosas a través de Mí, porque Yo te fortalezco, te sostengo y obro en ti y a través de ti. Reconoce que por ti misma no eres nada, pero conmigo puedes en verdad hacer todas las cosas, y verás milagro tras milagro sucederse en tu vida.

18 Abril

La paz empieza en el interior. Se encuentra dentro de cada alma, como una pequeña semilla esperando germinar, crecer y florecer. Se le han de proporcionar las condiciones adecuadas, el ambiente adecuado y el tratamiento correcto antes de empezar. Guarda silencio y crea las condiciones adecuadas. Sosiégate y dale la oportunidad de que eche raíces. Una vez bien asentada, continuará creciendo; pero en sus primeros comienzos necesita ayuda y mimo. Por tanto, tú tienes la clave de la paz del mundo en tu interior. No malgastes el tiempo mirando el caos y la confusión del mundo, empieza poniendo las cosas en su sitio dentro de ti. Haz Mi voluntad de forma callada. No tienes por qué hablar de ello, simplemente has de vivirlo. Transforma el caos y la confusión de tu propia vida en paz, serenidad y tranquilidad; conviértete en un miembro útil de la sociedad y del mundo en que vives. Empieza por ti misma, donde sabes que puedes hacer algo, y después trabaja hacia el exterior.

19 Abril

Cuando la vida te pide que cambies, mira con claridad lo que se requiere y cambia sin resistencia alguna, sabiendo que cada cambio prepara lo mejor. Cambiar no siempre resulta cómodo, en especial a las personas que tienen ideas y costumbres fijas. Debes estar dispuesta a arrojar una tras otra todas tus buenas, firmes y cómodas ideas hasta que estés completamente libre y abierta a recibir algo totalmente nuevo y revolucionario. Aquí es donde vienen las dificultades. Muchas personas, una vez que han absorbido algo nuevo, quieren aferrarse a ello y se niegan a soltarlo. ¿Por qué no verlo tan solo como un paso hacia revelaciones mayores y más maravillosas que están aguardando a que les dejes sitio? No puedes llenar un cubo que ya está lleno; primero has de vaciarlo. No puedes adentrarte en lo nuevo si estás aferrada a lo viejo y te niegas a soltarlo. Así que cambia y hazlo con rapidez, porque te necesito.

20 Abril

Haz todo lo que emprendas con Mi bendición. Nunca te precipites a hacer algo sin buscar en primer lugar Mi bendición. Entra en el silencio y siéntete rodeada de paz y de serenidad, y en ese estado de paz perfecta pide Mi bendición y recíbela. Después, avanza con fe y confianza absolutas y haz lo que haya de hacerse. Quiero que sepas que YO ESTOY contigo a lo largo de todo el camino y que todo saldrá a la perfección. Cuanto mayor es la tarea a realizar, mayor es tu necesidad de Mi bendición. ¿Por qué no empezar poniéndome en todas las pequeñas áreas de tu vida y, gradualmente, incluirme en áreas cada vez más grandes hasta que por último no des un paso sin buscarme primero y buscar Mi plena bendición? Prepárate a dar grandes pasos en situaciones aparentemente imposibles, pero no temas, porque Yo voy delante de ti para preparar el camino. Mantén tu conciencia elevada, mantén tu contacto conmigo, y queda absolutamente libre de todo temor en todo lo que emprendas, sea lo que sea.

21 Abril

Hay un lugar para cada individuo en el mundo, pero tú debes buscar y encontrar cuál es tu sitio y ver dónde encajas. Si temes asumir la responsabilidad de traer lo nuevo, no intentes detener a las almas que están dispuestas a hacerlo. Date cuenta de que esas almas que han sido formadas e inspiradas para emprender esta tarea van a hacerlo, porque ese es su trabajo. Encuentra tu lugar apropiado en el conjunto de este vasto plan, y si no estás en la primera línea, que eso no te perturbe. Recuerda, se necesita todo tipo de personas para formar el conjunto global. Simplemente acepta tu trabajo específico y haz lo que sabes que has de hacer de todo corazón, y permite ir adelante a aquellas almas que han sido colocadas en una posición de liderazgo y responsabilidad. Ofréceles toda tu lealtad y apoyo; lo necesitan y lo aprecian. Eleva tu corazón con profundo amor, reconocimiento y gratitud hacia ellas, y da siempre lo mejor de ti.

22 Abril

Con cuánta frecuencia has oído decir: «¡Cómo vuela el tiempo!»? Cuando estás llena de gozo y de felicidad, cuando das lo mejor de ti, viviendo para los demás, con el bien de todos en tu corazón, el tiempo vuela de verdad y disfrutas cada segundo. Aun cuando vives en el tiempo, no es necesario consentir que este resulte un peso y te hunda. Hay tiempo para todo, para todas las cosas que quieras hacer, porque sacarás tiempo para hacerlas. Todos tenéis la misma cantidad de tiempo, pero lo que cuenta es cómo lo usáis, así que nunca te quejes de que algunas almas tienen más tiempo que otras. Nunca seas esclava del tiempo; por el contrario, haz que él te sirva a ti. Has de decidir lo que quieres hacer y a continuación hacerlo; verás que tienes tiempo para hacerlo perfectamente.

23 Abril

Acércate A Mí y Yo me acercaré a ti. De ti depende dar el primer paso en la dirección correcta estableciendo contacto directo conmigo, y lo demás saldrá de ahí. Cada alma tendrá una manera diferente de acercarse, pero lo que importa es hacerlo, sin importar que al principio sea de una manera vacilante. Tan solo has de saber que una vez que hayas dado ese paso inicial, cada uno de los que sigan será más firme y seguro. Contemplarás maravilla tras maravilla al hacer Mi voluntad y ver Mis leyes manifestarse en la forma. Tu fe se irá haciendo fuerte e inquebrantable a medida que esperes que suceda lo mejor y lo atraigas hacia ti. Observa cómo ocurre, no una vez únicamente sino una vez tras otra, hasta que ya no tengas duda respecto a la maravilla de Mis caminos, hasta que pongas tu fe y confianza enteras en Mí y Me permitas tomar las riendas y guiar tu vida entera.

24 Abril

¿Sientes que hay determinadas personas a las que no puedes amar? En primer lugar deja de odiarlas. Deja de ser intolerante con ellas y de criticarlas. Ese puede ser tu primer paso en la dirección correcta. Después, y de un modo gradual, tómate el tiempo de conocerlas, de averiguar a qué obedece su comportamiento, y de encontrar qué hay en tu interior que haya podido crear tal separación entre vosotros. Mira dentro de ti y averigua qué es lo que anda mal contigo en tu relación con ellas, y bajo ningún pretexto eches las culpas a otra persona. Si puedes enfrentarte a ti misma y a tus propias limitaciones, has dado con el camino hacia la dirección correcta y serás capaz de encontrar la solución perfecta a tus problemas. Antes de que puedas darte plena cuenta, tu actitud y tu relación entera con cada alma habrá cambiado. Seguro que hay algo que puedes hacer ahora mismo, así que, ¿por qué no hacerlo en lugar de esperar a que alguien más dé el primer paso?

25 Abril

He de permitirte cometer una falta tras otra en la vida, pero cuando las reconoces y buscas Mi ayuda, YO ESTOY siempre dispuesto a ayudarte y a mostrarte el camino. Pero no haré el trabajo por ti. Debes aprender a hacerlo por ti misma. Esta vida no es para los debiluchos sino para las almas que son fuertes y están seguras de sí mismas, y para las que quieren encontrar las respuestas y están dispuestas a llegar al final hasta obtener las respuestas correctas, sin importarles el precio. ¿Tienes miedo de cometer errores? ¿Tienes miedo de adentrarte hasta donde no haces pie? No aprenderás a nadar hasta que tus pies dejen de tocar fondo. No crecerás espiritualmente hasta que te sostengas por ti misma. No temas nada y camina con absoluta fe y confianza haciendo lo que sabes que está bien e ignora toda oposición. Déjate guiar por ese conocimiento interno que procede de Mí.

26 Abril

¿Por qué no hacer que este sea un día glorioso, empezando por levantarte con el pie derecho y entrando en contacto conmigo en el momento en que te despiertes? ¿Por qué no llenar tu corazón de amor y gratitud ante un día cargado de esperanza de lo mejor y de lo más alto? Si los primeros instantes del nuevo día son dichosos y edificantes, verás como los siguientes también lo son, y a medida que esos momentos se transformen en horas, verás como el gozo y la paz te acompañan a lo largo del día. Cuando te despiertas con un gran peso en tu mente, en un estado bajo y deprimido, puedes arrastrar ese estado mental durante todo el día a menos que hagas algo al respecto. Búscame para encontrar la perfecta paz de corazón y mente que viene cuando depositas todos tus cuidados y preocupaciones ante Mí, y cuando tu único deseo es hacer Mi voluntad y andar por Mis caminos.

27 ABRIL

¿Por qué NO ser optimista en esta vida, esperando siempre lo mejor, encontrando siempre lo mejor, creando siempre lo mejor? El optimismo trae energía; el pesimismo trae debilidad y fracaso. Que el poder del Espíritu brille en ti y a través de ti, creando a tu alrededor un mundo de belleza, paz y armonía. Cuando tu actitud hacia la vida es optimista, levantas el ánimo de las almas que te rodean, dándoles esperanza y fe en la vida. Verás como siempre sucede que lo igual atrae a lo igual, que tu optimismo genera optimismo y actúa como una bola de nieve. Siempre hay esperanza en la vida, aun cuando al principio no sea más que una pequeñísima chispa intermitente. Cuando esté en el ambiente adecuado, rodeada de amor y esperanza, esa chispa diminuta se avivará hasta convertirse en una llama, y esta crecerá cada vez más hasta que toda tú estés encendida con el combustible del Espíritu que no se puede sofocar ni extinguir. Una vez que haya prendido, nada podrá detener su expansión.

28 Abril

No es fácil poner la otra mejilla cuando alguien te golpea con palabras o hechos. La reacción inmediata es devolver el golpe, pero aquí es donde las reacciones se han de vigilar con el mayor cuidado y donde el autocontrol y una completa ausencia de egoísmo han de ponerse en práctica. Las almas que no han aprendido ninguna autodisciplina reaccionarán al igual que se obra con ellas y se sentirán justificadas al actuar de ese modo. Después se preguntarán por qué hay tanto caos y confusión en el mundo. Están tan ciegas que no pueden ver que, hasta que no hayan aprendido a cambiar su actitud y empiecen a amar al prójimo como a sí mismas, no pueden esperar cambiar lo que sucede en el mundo. Cuanto más amor y buena voluntad, con mayor rapidez vendrá el cambio. Pero todo empieza en uno mismo. Por tanto, cuanto antes te des cuenta, antes ocurrirán los cambios a tu alrededor y en el mundo. ¿Por qué no empezar haciendo algo al respecto ahora?

29 Abril

Ábrete al aliento de Mi amor y luz divinas. Abre las puertas de tu corazón y no permitas que nada detenga esa afluencia. Mantén las puertas abiertas de par en par para que el amor y la luz puedan circular libremente en ti y a través de ti, para que la fuerza vital sea siempre evidente en tu interior. Cuando las puertas de tu corazón están cerradas y cesa el flujo de la luz y del amor, toda tu vida se estanca, y nada puede sobrevivir en un estanque de agua que no corre. Por eso has de mantener conscientemente abiertas esas puertas y sacar agua de Mí, la fuente de toda vida, en todo momento, para que tu corazón nunca se seque ni se estanque. Un riachuelo que deja de extraer su suministro de agua de la fuente acaba por secarse. Si tú dejaras de sacar tu suministro de Mí, pronto te secarías y acabarías siendo inútil. Por eso, date cuenta conscientemente de Mí y extrae constantemente tu fuerza vital de Mí. Haces tu elección día a día, hora tras hora, cada minuto.

30 Abril

El gozo de dar es tremendo. En la medida en que aprendas a dar cada vez más tus dones y talentos (para cada cual son diferentes, y todos funcionan a niveles distintos) de todo corazón, aumentarán tu talla espiritual y tu gracia. Si tienes una naturaleza feliz, radiante como el sol, y la ofreces allá donde vayas, se te devolverá centuplicada, pues todo el mundo responde ante una disposición radiante. Recuerda siempre, «Según siembres será la cosecha». Si siembras crítica, intolerancia, deslealtad y negatividad, cosecharás esas cualidades, ya que de ese modo las atraes hacia ti. ¿Por qué no empezar en este mismo instante a sembrar semillas de gozo, de felicidad, de amor, de cariño y de comprensión, y comprobar sus efectos sobre ti? Tu actitud entera hacia la vida cambiará, y verás cómo atraerás hacia ti lo mejor de la vida. La dicha que ofreces se reflejará en todas las almas que te rodean, porque todos aman a aquel que da con gozo, y responden a esa donación.

MAYO

Se me enseñó una montaña cuya cima
parecía estar envuelta por una nube.
Vi muchas almas subiendo hacia la cumbre
por la ladera y pude ver que cuando llegaban
a la altura de la nube, dudaban y se mostraban
temerosas de atravesarla.
Oí estas palabras:

No temas. Atraviesa la nube del no saber
hasta entrar en la gloriosa luz y mantente
consciente de Mí y de Mi divina presencia,
pues YO ESTOY en todas partes.
No hay lugar en el que YO no esté.

1 Mayo

Las grandes puertas giran alrededor de pequeñas bisagras. Los sucesos de gran alcance comienzan a partir de principios muy pequeños. Te digo que lo que se ha iniciado en Findhorn de una manera tan pequeña crecerá y se extenderá hasta ser un movimiento universal, de carácter mundial; una revelación se convertirá en una revolución. Mis caminos son muy extraños y de lo más maravilloso; no son tus caminos. Anda por Mis caminos con fe y confianza absolutas, y mira cómo se desarrollan Mis glorias y prodigios. La primavera de la Nueva Era está aquí, llena de brotes de armonía, belleza y abundancia perfectas, y nada puede impedir que llegue. Hay un tiempo y una estación para cada cosa, y ahora es el tiempo y la estación del nacimiento de la Nueva Era. Por tanto, no te aferres al pasado, déjalo atrás y mira lo que guardo para ti en este día nuevo y glorioso. Mira cómo tienen lugar Mis maravillosas promesas, y da eternas gracias por todo. Mantén siempre ante ti la visión del nuevo cielo y de la nueva tierra.

2 Mayo

Sin amor en tu corazón no puedes recorrer este camino espiritual, pues el amor es la clave. El amor indica el camino. El amor es el camino. Hablar de amor es perder el tiempo. Vívelo y demuéstralo en tu vida. Olvídate completamente del yo llevando amor a tus semejantes. Cuanto más los ames, más Me amas a Mí. No basta con tolerarlos; lo que hace falta es amor de verdad. El amor nunca es posesivo. El amor libera a los amados. No puedes esperar ayudar a un alma si eres posesiva, porque todas las almas deben ser completamente libres para encontrarse a sí mismas y para vivir sus propias vidas, dirigidas por Mí. Cuando actúas de manera posesiva con respecto a un alma, detienes su progreso espiritual, y eso es algo que jamás debes hacer, porque en ese caso estás cargando con una gravísima responsabilidad. La libertad del Espíritu es esencial para todos y cada uno de vosotros.

3 Mayo

Cuando tu actitud es positiva, eres capaz de penetrar en la profundidad, más allá de lo que se ve de forma inmediata. Mira con mucha claridad cuáles son tus necesidades, y admite sin la menor duda que esas necesidades van a ser satisfechas de un modo maravilloso, y da gracias porque así está sucediendo. Nunca dejes de dar gracias. La ley de la gratitud hacia todo es una ley espiritual fundamental. ¿Puedes en verdad mostrarte agradecida por todo? ¿Puedes ver lo bueno en cada situación? Quiero que intentes poner esta ley en práctica cada vez más, especialmente cuando te enfrentes a una situación que resulte muy difícil. Afróntala de un modo ecuánime y directo; a continuación, mira en su interior, por debajo, por encima de ella y a su alrededor; cuando hayas acabado, verás que tu actitud entera ante tal situación ha cambiado por completo. Lo que a primera vista parecía un desastre ahora ha pasado a ser una oportunidad, y estarás decidida a tener éxito sacando lo mejor de ella.

4 Mayo

Ten perfecta paz. No acumules tensión intentando entender lo que no es cosa de entender. Cuando quiera hacerte comprender algo, se hará sin esfuerzo, porque pondré sobre ello la luz de la verdad. Se te revelará, y tú no albergarás la menor duda respecto a su significado. Cuando te digo que la vida es sin esfuerzo, eso es exactamente lo que quiero decir. Hay demasiada tensión y esfuerzo en la vida. ¿Cómo esperar estar en paz cuando estás siempre esforzándote y en tensión? Que Mi paz, que está más allá de toda comprensión, te llene y te rodee, pues cuando estás en paz por dentro, reflejas paz por fuera, y las almas que encuentras necesitan esa paz. Que nada te perturbe ni te inquiete. Sencillamente, has de saber que todo está en Mis manos y que todo está muy muy bien. Así que eleva tu corazón con profundo amor, alabanza y gratitud, y entra en paz en este día.

5 Mayo

Mira la abundancia de la naturaleza, la belleza que te rodea, y reconóceme en todas las cosas. ¿Cuántas veces al día mientras vas de aquí para allá miras las maravillas que te rodean y das gracias por ellas? Casi todo el tiempo vas con tanta prisa que te pierdes una buena parte y te quedas sin absorber toda la belleza y hermosura que podrían refrescarte y elevar tu alma. Es cuestión de abrir los ojos y estar muy despierta y sensible. Comienza ahora dándote cada vez más cuenta de las cosas que de verdad importan en la vida, las cosas que alegran el corazón, refrescan el Espíritu y elevan la conciencia. Cuanta más belleza absorbas, más belleza podrás reflejar. Cuanto más amor recibas, más amor tendrás que dar. El mundo necesita cada vez más amor, belleza, armonía y comprensión, y tú eres quien se lo ha de proporcionar. ¿Por qué no abres tu corazón ahora y lo haces?

6 Mayo

No te quedes satisfecha contigo misma cuando tu vida esté agitada: busca Mi guía y dirección en el interior, y muéstrate dispuesta a aceptar ayuda procedente del exterior. Hay muchas ocasiones en las que he de utilizar Mis canales para ayudar a poner luz sobre una situación, especialmente cuando hay puntos ciegos o cuando estás tan cercana a la situación que tú misma no eres capaz de verla con claridad. En esas ocasiones disponte a aceptar ayuda del exterior, aunque eso no quiere decir que has de precipitarte a buscar a alguien cada vez que necesites que un problema se solucione. Es importante que aprendas a tenerte sobre tus propios pies y a pensar por ti misma, buscando en tu interior siempre que sea posible. No has de ser perezosa espiritualmente, confiando en alguna otra persona para solucionar algo que sabes que deberías estar afrontando tú sola. Estar en sosiego y dirigirse al interior para encontrar la respuesta requiere tiempo y paciencia, pero no puedes esperar crecer espiritualmente a menos que aprendas a poner eso en práctica.

7 MAYO

Mantén ese centro interior tan quieto como un estanque para poder reflejar lo mejor sin distorsión alguna, y así serás capaz de irradiarlo hacia el exterior. No permitas que nada te turbe ni te inquiete; quiero que sepas que todo está saliendo a la perfección, y que camines con ese conocimiento sin que nada del mundo te preocupe. Aprende a reírte de ti misma, especialmente cuando veas que te estás poniendo demasiado seria y te depriman los caminos del mundo. Cuando te sorprendas poniéndote demasiado seria, anda, relájate y comienza a disfrutar de la vida, y verás cómo la tensión y el esfuerzo desaparecen. Si te descubres cargada por llevar un peso demasiado grande sobre tus hombros, suelta ese peso, descansa y relájate. Verás cómo puedes hacer mucho más en ese estado de descanso y relajación que cuando estás forzada como una goma elástica totalmente estirada y a punto de romperse.

8 Mayo

Esta vida espiritual pide almas que estén totalmente dedicadas, pues sin dedicación desfallecerían en el camino. Hay muchas influencias en la vida que pueden fácilmente desequilibrarte a menos que tengas un solo objetivo y estés completamente dedicada. Llevar una vida plena y gloriosa significa hacerlo en todo momento; no puede ser una vida a tiempo parcial. Has de estar vigilante día y noche, continuamente alerta, y lista para actuar al instante sin pensamiento ni preocupación alguna por el ego. Algunas veces tendrás que seguir adelante con completa fe y confianza, sin siquiera conocer la razón que te mueve a actuar así. Habrás de actuar según la intuición y la inspiración, y cuando lo hagas, quizá no descubras razón alguna para ello. Pero si sabes que algo está bien, adelante con ello, pues has de saber que tras de ti irán acompañándote todas las fuerzas de la luz, porque YO ESTOY contigo.

9 Mayo

Fluye con la corriente, no contra ella. Cuando sientas que es necesario cambiar, está dispuesta a hacerlo sin intentar resistirte. Muéstrate muy flexible. Mantente abierta, y nunca permitas que tu actitud sea: «Lo que fue bastante bueno para mis padres también lo es para mí». No vendrá cambio alguno si esa es tu actitud, y han de venir cambios. Lo nuevo no puede encajar en el viejo molde porque lo nuevo ha desbordado lo viejo y necesita más espacio. Dale más espacio expandiéndote a la par. No tiene por qué ser un proceso doloroso si no hay resistencia. Cuando una planta está en una maceta, hay que cambiarla para dejar que sus raíces crezcan. Cuando tu conciencia ya ha superado las viejas concepciones, necesita que se le deje espacio para expandirse en ámbitos nuevos. Ese proceso puede ocurrir de una forma muy natural; no es preciso que haya esfuerzo o tensión. Tan solo abandónate, relájate y siéntete cambiar y expandirte de una forma tan natural como la respiración, saliendo de lo viejo y entrando en lo nuevo.

10 Mayo

No dejes de dar gracias por cada lección que aprendas, por muy difícil que resulte. Date cuenta de que solo lo mejor puede venir de ella, y de que cada dificultad no es sino un paso que te permite avanzar en el camino. Hay lecciones importantes que deben de aprenderse, y cuanto antes lo hagas, mejor. No intentes eludirlas, o proseguir dando un rodeo; en lugar de eso, tenlas por lo que son, y afróntalas directamente y del modo justo. No seas como la aguja de un gramófono, enganchada en un surco, repitiendo las mismas faltas una y otra vez. Si quieres cambiar, puedes hacerlo. Si quieres ser diferente y llevar una vida victoriosa, solamente has de decidir que vas a hacerlo, y podrás. ¿Por qué no empezar ahora viendo lo mejor en la vida, y disfrutando de ella tal como lo merece?

11 Mayo

YO SOY la Fuente de todas las cosas. YO SOY la Fuente de tu abundante suministro. Concibe la abundancia; concibe la prosperidad. Ni por un instante concibas la carencia o la pobreza. Cuando piensas en términos de limitación, creas limitación; la atraes hacia ti. Antes de que te des cuenta, verás que has obstruido el libre flujo de Mi suministro ilimitado de todas las cosas. La próxima vez que te encuentres sufriendo carencias de algún tipo, no le eches la culpa a las circunstancias, a tus condiciones o a tu situación; en vez de eso, tómate tiempo para mirar en tu interior y ver qué es lo que ocasiona esa obstrucción dentro de ti. ¿Es miedo de no tener bastante, miedo de quedarte corta de algo? El miedo puede causar un bloqueo antes que ninguna otra cosa. Deposita todos tus miedos y preocupaciones ante Mí y déjame sostenerte. Déjame llenarte de fe. Una vez hayas puesto los valores espirituales en su sitio, verás como el resto de tu vida encaja con verdadera perfección.

12 Mayo

No podéis conocerme y andar por Mis caminos y hacer Mi voluntad si no Me amáis; y no podéis amarme si no os amáis entre vosotros. Muchas almas hablan del amor que sienten hacia Mí, y, sin embargo, no saben lo que significa amarse a sí mismas y amar a sus semejantes. La clave es siempre el amor, y la lección más importante que hay que aprender es el amor. Tienes que aprender a amar lo que estás haciendo, amar las almas con las que te encuentras, amar tu entorno, amar el lugar en el que vives, amar el mismo aire que respiras, la misma tierra que pisas. Ama todo aquello sobre lo que se posen tus ojos. No es suficiente con que te guste; has de amarlo y has de hacerlo de todo corazón. Conviene de vez en cuando hacer un recuento y comprobar cuánto amor hay en tu interior. Coge tu vida diaria y mira a ver cuánto amor estás poniendo en todo lo que haces, dices y piensas.

13 Mayo

Deja de modelarte a ti misma según la referencia de alguna otra persona y dedica tiempo a buscar en tu interior y a ver cómo te necesito y cómo encajas de un modo perfecto en todo el cuadro. No seas como una clavija cuadrada en un agujero redondo ni vayas desafinando o fuera de compás. Cuando puedes ser tú misma, todo el estrés y la tensión desaparecen porque ya no pretendes ser lo que no eres. De hecho ya ni buscas nada; sencillamente eres. Por tanto, estás perfectamente en paz en tu interior, y eso se refleja en el exterior. De ti emanan paz, tranquilidad y serenidad. Creas el ambiente adecuado dondequiera que vayas. Eres una bendición, una ayuda y un estímulo para las almas que se cruzan en tu camino, y creas paz y armonía en el mundo que te rodea. Permite ahora que mi paz y amor te llenen y te cubran. Eleva tu corazón y da eternas gracias porque YO ESTOY revelándote el camino.

14 Mayo

Cuando explores de un modo diligente, con toda seguridad encontrarás lo que buscas, tu unión conmigo, la Fuente de toda vida. Pero has de emplear tiempo en buscar. Eso es algo que no te va a caer llovido del cielo sin un deseo profundo por tu parte de conocerme, de conocer la verdad, y de buscar hasta saber lo que eso significa para ti. Esa profunda experiencia espiritual de conocimiento interno solo les llega a las almas que quieren saber; por tanto, no te dediques a superficializar vagamente en esas experiencias espirituales. De ti depende ir adelante y experimentarlo en tu interior. ¡Qué absolutamente vacía y fútil es la vida hasta que comienzas a vivirla plenamente y lo sometes todo a examen para comprobar si esta vida espiritual es algo práctico y merece la pena vivirse! Comienza ahora a hacer algo al respecto. No consientas que sea una espiritualidad de sofá. Que sea viva y vibrante y que todos puedan verla. Déjame verte empezar a vivir una vida ahora.

15 Mayo

Ten fe en ti misma y en tu habilidad de hacer todas las cosas con Mi ayuda. Entonces, todo lo que emprendas en la vida será realizado con auténtica perfección y verdadera dicha. La vida está para gozarla, ¿por qué vas por ella arrastrando un pie, y luego el otro, como si llevaras un enorme peso que te estuviera venciendo? Tal vez tengas grandes responsabilidades, pero no es preciso que estas te carguen. Si tu actitud hacia ellas es positiva, puedes disfrutar con esas responsabilidades de todo corazón, sabiendo que no las has de llevar tú sola. Porque YO ESTOY aquí y tú puedes compartir todas las cosas conmigo. Nunca estás sola. Cuanto antes te des cuenta de eso y lo aceptes como un hecho, antes cambiará tu actitud hacia todo lo que acometas, y antes podrás ajustarte a la situación en que te encuentras y disfrutar con todo lo que hagas.

16 Mayo

Que las palabras de tu boca y las meditaciones de tu corazón sean aceptables para Mí en todo momento. Mejor estar callada y no decir nada que abrir la boca y consentir que salgan de tus labios palabras carentes de guía de las que quizá te hayas de arrepentir nada más decirlas. Hablar a destiempo puede ocasionar un daño y un sufrimiento innecesarios; por eso, aprende a controlar tu lengua, y cuenta hasta diez antes de abrir la boca. Se tarda menos de un segundo en decir algo hiriente, pero se tarda mucho en curar esa herida. Cuando aprendas a hacerlo todo para Mí y para Mi honor y gloria, no te equivocarás. Si tan solo inviertes tiempo y eres muy paciente, verás la chispa divina en el interior de todas las personas. A continuación podrás avivar esa chispa sin intentar jamás extinguirla mediante tu crítica, intolerancia y falta de comprensión. Sabrás que todas las almas son iguales bajo Mi mirada.

17 Mayo

Todas las cosas son parte de la totalidad, y tú eres parte de esa totalidad. Cuando te des plena cuenta de eso y puedas aceptarlo, jamás volverás a experimentar la separación. Jamás podrás volver a separarte de esa totalidad, porque lo que le da fuerza vital y realidad es vivirla y ponerla en práctica. Comienza ahora mismo a vivir y a poner en práctica todo lo que has estado aprendiendo, y que esas lecciones ya no sean para ti palabras vacías carentes de realidad. Una semilla no crece hasta ponerla en la tierra y proporcionarle el ambiente adecuado. Un alma no se expande, crece y encuentra autoexpresión hasta que se encuentra en el ambiente apropiado, rodeada de amor y comprensión. En tales condiciones, empiezan a ocurrir cosas, y se producen cambios a gran velocidad. Lo viejo queda atrás ante la luz de la novedad gloriosa, y el crecimiento y la expansión de conciencia pueden tener lugar sin restricción alguna.

18 Mayo

Haz con los demás lo que quisieras que hicieran contigo. Dedica un tiempo a pensar en esta ley y a continuación actúa según ella. A medida que la pongas en práctica, encontrarás que todo egoísmo y preocupación propia desaparecen, y tu amor por tus semejantes ocupará el primer lugar. Es pensando y viviendo para los demás cuando encuentras la verdadera libertad y felicidad. Cuando estás en ese alto estado de conciencia, cualquier cosa puede suceder, pues la vida fluye libremente sin obstrucción alguna. Niégate a ver obstrucciones; mira solo las oportunidades. Cuando estés equivocada, corrige tu error y aprende de todas las cosas. Hay una respuesta a cada problema; busca hasta haberla encontrado. Tu búsqueda no ha de ser en vano, pues si buscas cada respuesta de un modo diligente, con toda seguridad darás con ella. Pero, recuerda, no esperes que todo te venga a las manos sin jugar tu parte y hacer lo que sabes que has de hacer. Yo ayudo a las almas que se ayudan a sí mismas.

19 Mayo

Deja atrás el ayer y no pierdas más tiempo deteniéndote en las faltas y fracasos que tal vez hayan echado a perder el día; eso ya ha pasado. Da gracias por un día nuevo, por un día sin estropear. Es un ahora puro y glorioso, y de ti depende que así lo siga siendo. De ti depende adentrarte con firmeza en él con una absoluta fe y confianza de que va a ser un día maravilloso. Todo va a encajar a la perfección; todo va a transcurrir con suavidad. Va a ser un gozo y un deleite hablar con todas las personas que encuentres, y ni un pensamiento negativo o desagradable va a entrar en tu conciencia. En la novedad del día, todo está muy muy bien. Todo es perfecto, y así vas a hacer que siga siendo con Mi ayuda y guía constantes, siendo muy consciente de Mí y de Mi divina presencia, y esperando en Mí con sosiego y confianza.

20 Mayo

Donde YO ESTOY, hay libertad. Donde YO ESTOY, hay plenitud de vida, dicha inefable. Todas las almas pueden encontrar ese estado de conciencia si tan solo se toman el tiempo de estar en quietud y buscar en su interior. YO ESTOY dentro de ti; por eso deja de buscar fuera. Deja de perseguir quimeras y halla lo que buscas en lo profundo de tu ser. ¿Qué bien te hace saber todos esos hechos únicamente en teoría? ¿Por qué no empiezas ahora mismo haciéndote plenamente consciente de Mí y de Mi divina presencia? ¿Por qué no Me invitas a compartir tu todo contigo y dedicas tiempo a caminar y a hablar conmigo y a oír Mi pequeña voz silenciosa? Acércate más, cada vez más. Siente esa unidad, el milagro de estar en perfecta paz en lo hondo de ti porque eres consciente de tu unidad conmigo.

21 Mayo

Nunca intentes interferir en el camino de otra persona. Todas las almas han de encontrar su propio camino y alcanzar la meta a su manera. Algunas lo hacen mediante la meditación, otras mediante la contemplación, unas por medio de la oración, otras a través del trabajo, y otras todavía con su contacto con la gente. Que todas las almas encuentren su propio camino y lo sigan. Que no haya callejones sin salida ni rodeos o desviaciones. Sigue la senda estrecha y directa. Mantén tu mirada puesta en la meta, que es la realización de tu unidad conmigo, el Señor tu Dios, la divinidad en tu interior. No te desanimes cuando el trayecto sea duro y áspero; continúa sabiendo que llegarás allí. Esta vida no es para las almas de poco ánimo, temerosas de enfrentarse a la verdad y de entrar directamente en la luz. Sé fuerte y de espíritu valeroso. Pon tu mano en la Mía, y yo te guiaré en cada paso del camino, si tan solo Me lo permites.

22 Mayo

Si no dejas a un niño pequeño hacer las cosas por sí mismo, por ejemplo comer, andar, vestirse, escribir, dibujar, expresarse... nunca se desarrollará ni se hará independiente y capaz de tenerse por sí solo y de tomar sus propias decisiones. Tienes que permanecer al margen y permitirle equivocarse y consentir que tarde mucho en dominar lo que está aprendiendo. Has de ser muy paciente, esperar y limitarte a mirar, por mucho que te tiente hacerle algo al niño para ahorrarle tiempo. Abre los ojos y date cuenta de que la vida es un aula de una escuela, y estás en ella aprendiendo continuamente. ¿Cuántas veces he de quedarme atrás y con mucho amor ver cómo vas a tientas y luchando en medio de la vida para que puedas aprender alguna lección vitalmente importante, una lección que jamás se pueda olvidar una vez se haya aprendido y dominado? Tengo amor y paciencia infinitos.

23 Mayo

Hagas lo que hagas, hazlo con amor; hazlo para Mi honor y Mi gloria; y no te preocupes. Cuando obras con la actitud recta, con toda probabilidad saldrá a la perfección, así que adopta esa actitud recta en todo lo que hagas. Mantén siempre ante ti el dicho: «El trabajo es amor en forma visible»; de ese modo trabajarás con dicha y contento, y el trabajo nunca será una tarea rutinaria o algo que se tiene que hacer. ¡Qué diferencia supondrá para ti y para las almas que te rodean una actitud recta hacia el trabajo! Si quieres lograr hacer bien lo que estás haciendo, aprende a amarlo y a hacerlo con esa actitud recta. A menudo, el ser capaz de dar otra cualidad al trabajo más mundano es tan solo cuestión de cambiar tu actitud negativa por otra positiva. Cada alma se siente en armonía con un trabajo diferente. ¿Con qué te sientes tú en armonía? ¿Hay algo que te guste hacer de verdad? Entonces, ¡hazlo!

24 Mayo

Sal de tu pequeño charco y expande tu conciencia, dándote cuenta de que no hay limitación. Muchas personas no pueden ver más allá de sí mismas o más allá del grupo o comunidad en el que viven. Se quedan tan atrapadas en cosas pequeñas, nimias, que encuentran dificultad en expandirse de algún modo. Aquí es donde han de venir cambios tremendos, y de una manera muy rápida. No te quedes satisfecha con aceptar únicamente lo que puedes entender; está dispuesta a llegar más lejos y a dar un salto más allá de tus posibilidades para hacer lo aparentemente imposible. De ese modo tu capacidad se estirará. Haz que se estire hasta sentir que está a punto de romperse, y cuando así lo hayas hecho, estírala un poco más todavía. Vive a punto de algo completamente nuevo. No temas lo nuevo y lo desconocido; sencillamente, avanza un paso cada vez con absoluta fe y confianza, sabiendo que cada paso te llevará al maravilloso nuevo cielo y a la tierra nueva.

25 Mayo

Puedes de verdad decir que amas a tus semejantes, que te interesas por ellos, que los aprecias y los reconoces como tu familia? ¿O tan solo los toleras y te supone un auténtico esfuerzo estar codo a codo con ellos? No puedes decir que Me amas si no amas a tus semejantes, pues las relaciones están tan estrechamente entrelazadas que es imposible amar a una persona sin amar a la otra. ¿Te dedicas a escoger y seleccionar a quién vas a amar y a quién sientes que no podrías hacerlo? No debería haber discriminación en el amor, pues el amor divino abraza a todos por igual. Considera a todas las personas hechas a Mi imagen y semejanza, independientemente del color, la raza, el credo o la religión. Tendrás que alcanzar el punto en el que veas y comprendas la unidad de toda la vida, en que conozcas el auténtico significado de la familia de todos los seres humanos, y Me reconozcas como la fuente de todo.

26 Mayo

Trae Mi cielo a la tierra. De ti depende hacerlo por medio de tu forma de vida y de tus actitudes hacia la vida. La vida es maravillosa, pero has de abrir los ojos y ver su maravilla y su gloria. Has de estar dispuesta a ver todo lo bueno de la vida y a concentrarte en ello, ignorando lo malo, lo negativo y lo destructivo para no darles fuerza vital. Estás rodeada de las maravillas y de la hermosura de la naturaleza, y aun así puedes pasarte un día entero sin siquiera darte cuenta de lo que hay a tu alrededor. ¡Cuánto te pierdes en la vida al excluir todo eso de tu conciencia y al negarte a elevar tu conciencia al estado en el que te fundes con toda la vida! Tómate un tiempo para detenerte; mira y oye, para no perderte nada y poder disfrutar de todo. Después, da eternas gracias por todo ello. Comienza hoy a crear un mundo mejor a tu alrededor.

27 Mayo

Todas las almas necesitan retirarse del mundo ocasionalmente para dar con esa paz que está más allá de toda comprensión. Todas las almas necesitan estabilizarse, y eso tan solo puede ocurrir en paz y quietud. Una vez se ha establecido esa estabilidad interna, puedes dirigirte a cualquier parte y hacer lo que sea sin que el caos y la confusión externos te afecten para nada. Lo que te permite continuar cuando crees que has llegado al extremo de tu cuerda y no puedes dar un paso más es dirigirte al lugar secreto de lo Más Alto, encontrar tu unidad conmigo. Son esos pasos que se dan en lo desconocido, con fe, con Mi fuerza, los que obran maravillas y cambian la vida. Son esos pasos los que permiten que lo imposible se haga posible y los que hacen que venga Mi reino a la tierra, ese glorioso nuevo cielo y nueva tierra. Dirígete siempre hacia ese fin. Cambia y hazlo con rapidez cuando se requiera el cambio. YO ESTOY contigo siempre. Acude a Mí.

28 Mayo

Si tuvieras que escalar una montaña muy alta, seguramente comprobarías todo tu equipo antes para ver si es seguro y si la cuerda está intacta, porque tu propia vida iría en ello. Escogerías un buen guía y habrías de tener una absoluta confianza en esa persona. Tendrías que estar dispuesta a seguir las instrucciones del guía y a obedecer órdenes sin cuestionarlas. Lo mismo sucede con esta vida espiritual. Solo cuando hayas aprendido disciplina y obediencia, solo cuando escojas hacer Mi voluntad y obedecer Mi voz, podrás emprender esta vida de aventura. De otra manera, no sería algo seguro para ti. Si te sientes detenida en un bache, revísate por dentro y averigua qué hay en lo profundo de tu ser que te impide seguir. ¿Qué estás haciendo en cuanto a la autodisciplina? ¿Todavía no puedes decirte «no» a ti misma? ¿Y qué hay respecto a la obediencia? ¿Estás dispuesta a seguir Mi voluntad al precio que sea?

29 Mayo

Eres el punto de luz en Mi mente. Eres el punto de amor en Mi corazón. Cuando puedas aceptarlo, cuando puedas verte a ti misma como el microcosmos del macrocosmos, jamás volverás a subestimarte o a juzgarte mal. Te darás cuenta de que, en verdad, estás hecha a Mi imagen y semejanza, de que somos Uno, y de que nada ni nadie puede separarnos. Si sientes alguna separación de Mí, es cosa de tu propia hechura, pues Yo nunca me separo de ti. Tú eres individualmente lo que Yo soy universalmente. ¿Acaso es de extrañar que hayas de nacer de nuevo para aceptar la maravilla de esta verdad? Tantas almas se han extraviado tan lejos de Mí y se han separado hasta tal punto que Me han situado en los cielos a tales alturas que YO SOY inaccesible. YO ESTOY en tu interior, escondido en la más honda profundidad esperando ser reconocido y manifestado.

30 Mayo

Se te pueden contar verdades espirituales, pero solo si las pones en práctica en tu vida y las demuestras se hacen reales para ti y viven y se mueven y tienen su ser en ti. Debes pensar por ti misma, vivir por ti misma y averiguar las cosas por ti misma. Debes tenerte sobre tus propios pies y no esperar jamás que alguna otra persona lo haga por ti. Vuélvete hacia dentro, busca en tu interior cada respuesta, y allí la encontrarás. Quizá eso requiera tiempo. Tal vez necesites aprender a tener paciencia y a esperar en Mí, pero cuando tu fe sea lo bastante fuerte, encontrarás todo lo que andas buscando. Aprende a estirarte, a crecer y a expandirte. Aprende a beber de la fuente de todo poder, todo conocimiento, toda sabiduría y toda comprensión. Vuélvete hacia Mí continuamente, el Señor tu Dios, la divinidad en ti. Jamás te defraudaré ni te abandonaré, porque seguramente a estas alturas ya sabes que YO ESTOY contigo siempre.

31 Mayo

Comienza ahora mismo a expandir tu conciencia y a concebir la abundancia en todo, porque tan solo de ese modo serán satisfechas tus necesidades. Quiero que sepas que Me proporciona enorme placer darte el reino, porque todo lo demás fluye desde el reino. Por eso has de buscarlo en primer lugar; entonces todo lo demás se te dará por añadidura. Conozco todas tus necesidades, y cada una de ellas está siendo satisfecha de una forma maravillosa. Créelo de todo corazón. Jamás permitas que una sola duda enturbie la maravilla que eso supone. Acepta Mi palabra, vívela, y mira cómo se sucede milagro tras milagro. Ciertamente no ha concluido todavía el tiempo de los milagros. A medida que vivas una vida totalmente dedicada a Mí, serás testigo de maravillas inenarrables. Verás lo imposible hacerse posible. Reconocerás Mi mano en todas las cosas. Tu corazón se desbordará de amor y gratitud por todo lo que va a suceder.

JUNIO

Se me mostró una gran puerta muy pesada
y difícil de abrir porque sus goznes estaban muy duros.
Entonces vi cómo se ponían unas gotitas de aceite
en los goznes y la puerta se iba abriendo,
poco a poco, hasta que al final el más ligero toque
con un solo dedo bastaba para abrirla.
Oí estas palabras:

Utiliza cada vez más el aceite del amor,
porque el amor es lo que hace ceder.
El amor siempre se abre paso.
Abre tu corazón y que el amor
fluya con libertad.

1 Junio

¿Por qué NO adoptas el hábito de acercarte a la vida con el espíritu correcto, de manera gozosa, expectante, y con una absoluta fe de que tan solo lo mejor es para ti? Quiero que tengas todo lo mejor de la vida. No quiero que pases por la vida con un enorme peso sobre tus hombros, vencida por las preocupaciones del mundo. Te necesito libre para poder obrar en ti y a través de ti. Deja de estar preocupada, y deposita todos tus cuidados y tus cargas ante Mí. Quiero que sepas que el reino de los cielos está en tu interior; está ahí aguardando a que lo reconozcas. Debes saberlo, creerlo, y hacer que tome cuerpo. El reino del cielo es un estado mental, y está al alcance de todos buscarlo y alcanzarlo. Cada alma tiene que anhelarlo antes de dar con él. Ha de desearlo, y ha de desearlo tanto que no consentirá que nada se interponga en el camino.

2 Junio

Puedes hacer todas las cosas cuando tu fe y confianza están puestas en Mí, cuando no te detienen dudas ni temores. No hay nada que no puedas hacer, nada hay que no puedas realizar en esta vida, si tienes una actitud recta y una completa confianza en tu capacidad de hacerlo. Tienes en tu interior todo el poder, toda la sabiduría, toda la fuerza, toda la inteligencia y toda la comprensión. Soy Yo obrando en ti y a través de ti el que te permite realizar lo aparentemente imposible. Nunca temas aspirar muy alto; no tengas miedo de esperar que lo imposible se haga posible. No vivas dentro de tus límites; vive mucho más allá de ti, y dame así la oportunidad de mostrarte cómo conmigo todas las cosas son posibles. Si no Me das la oportunidad, ¿cómo puedes esperar saber lo que puede realizarse cuando YO ESTOY en contacto con tu vida, guiándola y dirigiéndola? Abandónate, déjame tomar la iniciativa y mira lo que sucede.

3 Junio

¿Dónde están tu fe y tu confianza? No puedes seguir esta vida espiritual sin fe y confianza en Mí. Déjame que guíe cada uno de tus pasos. Búscame constantemente en el silencio, y déjame que te revele el paso siguiente que has de dar; a continuación, da ese paso sin temor y con auténtica alegría. ¿Cómo esperáis asumir las responsabilidades más grandes de la vida y que se os den cada vez mayores responsabilidades antes de haber aprendido a obedecer y a ejecutar las más simples? ¿Cómo podéis esperar tomar el mundo en vuestro corazón si ni siquiera habéis aprendido a amaros los unos a los otros y a trabajar en paz y armonía unos con otros? Un niño ha de aprender a andar antes de correr. Tenéis que aprender a amaros los unos a los otros y traer paz y armonía a vuestro entorno más inmediato antes de ser capaces de traer armonía a nivel mundial. Arreglad vuestros asuntos antes. Entonces podré utilizaros para que ayudéis y sirváis a vuestros semejantes.

4 JUNIO

Nunca te muestres por completo satisfecha de tu actitud hacia la vida. Siempre hay algo nuevo y emocionante que aprender, y solo puedes aprenderlo si te mantienes abierta y sensible a todo lo que está sucediendo. Lo nuevo no siempre resulta fácil de comprender. No dejes que eso te preocupe; muéstrate, sin embargo, dispuesta a aceptarlo con fe, pues quiero que sepas que al hacerlo tu comprensión crecerá. Conocerás, por medio de ese profundo conocimiento interno, si esas nuevas ideas, si esas nuevas formas y nuevos pensamientos, son genuinos o no. Si tienes esa profunda impresión de rectitud, permítete absorber esas verdades aunque no las comprendas del todo. Poco a poco se irá haciendo la luz en ti, y despertarás al significado de todo ello. No puedes continuar toda tu vida del mismo modo. Has de estar dispuesta a abandonar lo viejo para entrar en algo nuevo.

5 Junio

¿Sabes lo que significa amar, sentir tu corazón lleno de un gozo y una gratitud tan grandes que no se pueden contener y tienen que salir a la superficie, hacia las almas que te rodean? Es una sensación gloriosa de bienestar, de unidad con toda la vida. Cuando hay amor, desaparecen todo temor, odio, celos, envidia y codicia, porque ante la presencia del amor no hay lugar para esas fuerzas negativas y destructivas. Cuando tu corazón esté frío y no sientas amor, no te desesperes; mira a tu alrededor y encuentra algo que puedas amar. Quizá sea algo pequeño, pero esa pequeña chispa puede inflamar tu ser entero hasta que el amor haya prendido en ti. Una llave pequeña también es capaz de abrir una puerta pesada. El amor es la llave de todas las puertas cerradas. Aprende a utilizarlo hasta que todas las puertas se hayan abierto. Comienza justo en el punto en que te encuentres. Abre tus ojos, abre tu corazón, date cuenta de una necesidad y dale respuesta.

6 Junio

Todo lo que tiene lugar en tu vida sucede debido a tu conciencia. Eleva tu conciencia y eleva todo tu ser, tu actitud hacia la vida, y empieza a vivir la vida plena y gloriosa que es tu auténtica herencia. Eso es algo que te pueden decir, y tú puedes ver a otras personas viviéndolo; pero si no entra en tu conciencia y no puedes aceptar que es para ti, no ocurre nada. El alma en apariencia más simple, como un niño, puede aceptar el reino de los cielos con mucha mayor facilidad que el alma más profundamente intelectual que piensa que conoce todas las respuestas con su mente, pero cuya conciencia no se ha elevado hasta niveles más altos. Todas las almas pueden alcanzar un estado de conciencia superior. Pero es algo que se ha de lograr desde dentro, a partir del conocimiento interno, de la inspiración y de la intuición, que no exigen sabiduría y conocimiento externos. Todo está en el interior de cada alma, esperando únicamente ser reconocido, manifestado y vivido.

7 Junio

¿Por qué no mostrar excelencia en todo lo que hagas? Para ser buena en algo, has de continuar practicando hasta haberlo dominado. ¿Por qué imaginas que puedes obtener resultados perfectos en esta vida espiritual si tan solo chapoteas en ella? Deja de chapotear en la orilla y métete hasta el fondo de todo corazón. Para funcionar, esta vida exige todo lo que tienes, así que ¿por qué no das todo lo que tienes y compruebas lo que ocurre? Nada, en ningún área de la vida, vivirá y formará parte de ti hasta que no lo pongas en práctica y veas sus resultados. Comienza ahora mismo a practicar el arte de vivir esta vida espiritual. Continúa experimentando, y no te decepciones si no ves resultados inmediatos. Sencillamente continúa aplicando sus principios y con el tiempo verás lo maravillosamente bien que funcionan. Es una vida auténticamente gloriosa si estás dispuesta a entregarte por completo a ella.

8 Junio

¿Cuál es tu primer pensamiento al levantarte? ¿Es un pensamiento de pura alegría por otro día maravilloso o te atemoriza lo que hoy pueda traer? ¿Te supone un esfuerzo entrar en armonía y seguir el ritmo de este día? ¿Puedes despertarte con un canto de alabanza y gratitud en tu corazón? Qué enorme diferencia notarás cuando puedas hacerlo, cuando puedas empezar el día poniéndote esas gafas rosadas y viéndolo todo con ellas a lo largo del día. Comienza con el pie derecho. No te preocupes por lo que sucederá mañana; lo único que importa es hoy, lo que hagas hoy y lo que hagas del día de hoy. Sencillamente, quiero que sepas que puedes hacer y harás que el día de hoy sea un éxito y que todo lo que hagas lo harás a la perfección; que todo lo que digas será con amor, que todo lo que pienses será de lo más elevado, y que tan solo lo mejor te corresponde hoy.

9 Junio

Eres parte de Mi plan infinito. Tienes un papel que jugar en toda la composición. Quizá tan solo sea una pequeña parte; con todo, es esencial para completar el conjunto. Nunca creas que tu parte es tan pequeña que no es necesaria. ¿Quién eres tú para juzgar? Te necesito en el sitio justo desempeñando tu parte específica. Si todavía no sabes cuál es, de ti depende buscar y continuar buscando hasta averiguar de qué se trata. Quiero que te veas encajando en el sitio justo, dando lo que hayas de dar al todo; así pues, siéntete arte y parte de esa totalidad maravillosa, y deja de sentirte dividida o separada de la misma. Nadie puede hacerlo en tu lugar. Tú eres la que tienes que buscar y encontrar. Ninguna otra persona puede vivir por ti tu propia vida. Únicamente tú puedes hacerlo.

10 Junio

La vida ya no puede volver a ser aburrida o mundana una vez has echado a andar por el sendero espiritual, porque este pone la vida en movimiento y nada permanece estático. Lo nuevo podrá desplegarse a tu alrededor y en tu interior con verdadera libertad y perfección. ¿Te satisface seguir como antes? Eres libre de hacerlo, pero no esperes que suceda nada muy edificante en tu vida si así lo escoges. En ese caso no puedes esperar que ocurran grandes cambios ni puedes esperar ser utilizada por Mí para traer el nuevo cielo y la nueva tierra. Las almas que escojan seguir su camino deben estar dispuestas a aceptar las consecuencias, pero esas otras que quieran seguir Mi voluntad y andar por Mis caminos dan paso a una Nueva Era. ¿Por qué esperar hasta mañana para escoger? Elige ahora.

11 Junio

En la quietud todo quedará claro. En la quietud encuentras la paz y Me encuentras a Mí. YO ESTOY siempre aquí, pero permaneces ciega a ese hecho maravilloso hasta que te sosiegas y Me buscas en el silencio, y eso es algo que puedes hacer en todo momento. Cuanto más a menudo lo pongas en práctica, más natural resultará hasta que puedas hacerlo de un modo tan natural como la respiración. No has de precipitarte a estar sola para encontrarme. Podrás encontrarme en todo momento y en todo lo que estés haciendo. No importa el caos y la confusión que existan a tu alrededor o el ruido externo que pueda haber. Puedes entrar en esa paz y ese silencio internos y encontrarme. Cuando Me hayas encontrado, la luz de la verdad brillará en cada situación, pues donde YO ESTOY no hay oscuridad, no hay problemas. Tan solo hay paz.

12 Junio

La belleza de la vida está rodeándote por todas partes. Abre tus ojos y mírala, absórbela, apréciala, refléjala y forma parte de ella. Cuando esperes ver belleza, la verás; mientras que si esperas ver fealdad, también la verás. La elección siempre está en tu mano. Bebe profundamente de las fuentes de la belleza y no podrás evitar reflejarla, porque lo que está en el interior se refleja en el exterior. Eres como un espejo; no puedes esconder lo que está en tu interior, por mucho que intentes hacerlo, porque lo que está en el interior no puede quedar retenido. Más pronto o más tarde se expresará en el mundo externo; por eso, deja que fluya libremente y no intentes detener ese flujo. Eleva tu conciencia y podrás ver belleza en todas las cosas y en todas las personas. Me verás reflejado allí, porque YO SOY belleza, armonía y perfección. Aprende a expresar esa belleza y armonía en todo lo que pienses, digas y hagas.

13 Junio

Es muy importante que tengas una actitud recta ante todas las cosas. No puedes crecer y expandirte espiritualmente cuando tu actitud es negativa y tan solo ves las dificultades y los obstáculos en la vida. Hay algo bueno en cada situación si te tomas el tiempo de buscarlo, al igual que siempre hay algo por lo que dar gracias. Cuando no hay amor en tu corazón, estás cegada y no puedes ver lo mejor en tu situación, ni lo bueno en las almas que te rodean o lo maravilloso de tu vida. ¡Qué enormemente bendecida estás! Pero a menos que estés dispuesta a aceptarlo, a reconocerlo y a dar gracias por ello, irás por ahí con los ojos vendados quejándote de tu suerte en la vida. Toma tiempo para hacer balance y, si te sientes estancada, la forma más rápida de cambiar la situación es empezar a dar a los demás. La vida es lo que haces de ella. ¿Qué estás haciendo de tu vida?

14 Junio

¿Por qué condenarte por tus aparentes incapacidades, faltas, errores y fracasos? ¿Por qué no convertir esas debilidades en tu fortaleza y tus faltas y fracasos en virtudes, en lugar de poner el énfasis en lo negativo de tu vida, permitiendo que lo positivo se exprese en tu vida? Siente en lo más profundo de ti auténtica belleza, virtud y bondad. Ten la fe de que están ahí y de que las encontrarás cuando las busques. Si te niegas a ver lo mejor de ti y escoges ver solo todo lo negativo que hay en ti, debes estar dispuesta a aceptar las consecuencias, porque de ese modo atraes hacia ti todo lo que guardas en tus pensamientos. Eres tal como piensas. Si piensas lo mejor, atraerás hacia ti lo mejor. Quiero que sepas que puedes hacer cualquier cosa cuando YO ESTOY contigo, conduciéndote y dirigiéndote. Si aceptas que YO ESTOY en tu interior, ¿cómo podría ser de otro modo?

15 Junio

Tienes en tus manos un enorme poder; asegúrate de que lo usas de un modo recto para beneficio de todos. El poder se puede usar de modo positivo o negativo; solamente depende de ti el uso que hagas de él. Si solo deseas ver los mejores resultados y lo utilizas de un modo positivo, pueden suceder las cosas más maravillosas. Cuando la energía eléctrica se usa de un modo positivo, puede mover maquinarias enormes, alumbrar ciudades y hacer las cosas más sorprendentes. Pero cuando se utiliza de un modo erróneo, los resultados pueden ser devastadores. Al igual sucede con la energía espiritual, que es todavía mayor. Está ahí aguardando ser utilizada, pero ha de utilizarse del modo adecuado. Si así se hace, únicamente el bien resultará de ella, y podrás contemplar maravilla tras maravilla desplegarse con auténtica perfección. Las almas que están listas y preparadas para utilizar esa energía de un modo adecuado están siendo empleadas para ayudar en este tiempo a realizar el nuevo cielo y la nueva tierra.

16 Junio

Asegúrate de tener un propósito, una meta en la vida. No te quedes satisfecha de ir a la deriva como un barco sin timón, expuesto a todos los vientos de cambio; porque sin un propósito definido no irás a ninguna parte. Tienes que saber adonde te diriges y lo que estás haciendo. Demasiadas almas están dispuestas a dejarse arrastrar por la corriente durante la vida, con el resultado de que no logran llevar a cabo nada que resulte muy constructivo. Encuentra paz y certidumbre internas, y sin estrés o esfuerzo alguno sigue el camino que sabes que te corresponde. Haz lo que sabes que has de hacer porque es algo que se te ha revelado desde dentro, no desde fuera. Reconoce siempre desde tu interior que lo que estás haciendo está bien; entonces podrás ir adelante y apartar todos los obstáculos con auténtica fuerza y convicción. Has de saber que YO SOY tu brújula, YO SOY tu guía, y te conduciré a tu destino, aun cuando el camino parezca muy difícil.

17 Junio

Recuerda siempre que todos los caminos llevan hasta Mí. Algunos quizá sean más sinuosos y tortuosos que otros. Los hay que tal vez te resulten muy extraños e incluso innecesarios, pero no te preocupes. Sencillamente, deja que cada alma encuentre su propio camino y que lo siga, y tú sigue el tuyo. No importa lo distinto que parezca. Has de saber que todos alcanzaréis la misma meta al final: caer en la cuenta de vuestra unidad conmigo. Hay un camino estrecho y directo que lleva directamente hasta Mí, pero a muchas almas les resulta demasiado simple y directo, y no pueden aceptar que lleve hasta Mí. En vez de eso, escogen los más difíciles y enrevesados, pensando que por medio del autosacrificio y el sufrimiento van a obtener mayores méritos en el camino. Toda esa lucha es bastante innecesaria, pues los seres humanos tienen libre albedrío y, por lo tanto, son completamente libres de escoger la vía que deseen. Así que vivid y dejad vivir, y no os critiquéis los unos a los otros.

18 Junio

En los días que están por venir habrá muchas ideas y caminos en conflicto. Se te pondrá a prueba al máximo, y se te dejará sola. No intentes aferrarte al primer clavo ardiendo que te salga al paso. Tan solo busca en tu interior, extrae toda tu fuerza de Mí, y sigue en paz tu camino. Todos las dudas y temores se alejarán de ti, y permanecerás firme y sólida como una roca anclada en el conocimiento interno. No te deberá importar el aspecto amenazante del viento ni de las tormentas que procedan del exterior, pues no te afectarán para nada. Te necesito fuerte y valerosa, conocedora de la verdad interna, de esa verdad que nadie puede arrebatarte. No te dejes arrastrar por los remolinos de conflictos y desesperación en los que el mundo se halla sumido en este tiempo; busca, sin embargo, tu puerto de paz dentro de ti y reconóceme, pues YO SOY tu ancla. YO SOY tu refugio. Que Mi paz y Mi amor te llenen y te envuelvan.

19 Junio

¿Qué significa para ti la edad? ¿Temes envejecer? ¿O eres de las que aceptan cada etapa de la vida y saben que la fuente de la juventud reside en la propia conciencia? Si mantienes tu mente joven, fresca y alerta, no hay cosa tal como el envejecimiento. Cuando tienes muchos intereses y disfrutas de la vida plenamente, ¿cómo podrías envejecer? Los seres humanos se limitan cuando creen que entre la treintena de años y los diez siguientes se encuentra la plenitud de la vida. Puede que para muchas almas sea tan solo el principio, porque es cuando despiertan al milagro de la vida, y en ese despertar comienzan a disfrutarla. Barre toda idea de vejez. No es sino una forma de pensamiento universal que se ha hecho tan fuerte que resulta dura y difícil de romper como una nuez. Comienza a reajustar tus nociones acerca de la edad ahora.

20 Junio

¡Qué vitalmente importante es tener una actitud recta hacia el dar! Da de forma callada y con confianza y, ante todo, hazlo con amor y gozo. Lo que se da a regañadientes lleva consigo las vibraciones erróneas y, por lo tanto, de ahí no podrá salir lo mejor. Asegúrate de que todo lo que hagas sea con amor, aunque no entiendas del todo por qué lo haces. El trabajo más ordinario, el más mundano, cuando está hecho con amor puede producir resultados maravillosos y sorprendentes, por eso deja que el amor fluya libremente en todo lo que emprendas. Date cuenta de que lo que estás haciendo es necesario y de que no hay ninguna tarea o acción que resulte demasiado pequeña o insignificante. Cuando todas las almas ponen lo mejor de sí, el peso y la responsabilidad no recaen sobre los hombros de unos pocos. El peso queda aligerado para todos, hasta que deja de ser un peso y se convierte en un auténtico gozo y placer. Vigila tu actitud, y contribuye al gozo del conjunto y a facilitar su funcionamiento.

21 Junio

El hecho de que ayer no fuera todo lo que debiera haber sido no importa; el ayer ya pasó y se ha ido, y no hay nada que puedas hacer al respecto. Hoy es un asunto completamente diferente; está ante ti, intacto e inmaculado, y de ti depende hacer de hoy el día más maravilloso. ¿Cómo comienzas cada día? Recuerda, no le incumbe a nadie más. Es algo que tú y solamente tú tienes que escoger para que suceda. Intenta comenzar el día con paz y contento internos, tomando un tiempo para estar quieta y dejar que esa paz te llene y te rodee. No te precipites a entrar en el día sin estar preparada o sin armonía. Si lo haces, es fácil llevar ese estado mental al día, dejando que lo afecte por entero, así como a las almas con las que entres en contacto. De ti depende escoger lo que vaya a ser el día de hoy y hacer que sea así. ¿Por qué no decides ahora?

22 Junio

El cambio es la clave que abrirá todas las puertas para ti, el cambio de corazón y de mente. Cuando tu seguridad esté en Mí, no temerás los cambios, aunque parezcan muy drásticos. Sencillamente, has de saber que cada cambio que ocurra ha de dar paso a lo mejor y es para el bien de todos, tanto si se trata de cambios personales, como de cambios en el país o en el mundo. Simplemente acepta que esos cambios han de suceder y cambia con ellos. Muévete hacia adelante y hacia lo alto, y acepta lo que te digo cuando afirmo que lo mejor aún está por venir. Encontrarás que lo nuevo es mucho mejor que lo viejo, a medida que entres rápidamente en ello sin ofrecer resistencia alguna. ¿Por qué hacer la vida más difícil para ti? Eso es lo que haces al resistirte. Nada puede detener Mi mano. La bola ha comenzado a rodar; el nuevo día está aquí y tú formas parte de él si lo aceptas y sigues su compás; de otro modo, te quedarás atrás.

23 Junio

¿Cómo puedes esperar crecer sin emplear todas tus energías, sin quedar sometida a prueba? ¿Dónde yacen tu fe y tu seguridad? ¿De dónde extraes tu fuerza y tu energía? ¿Estás intentando llevar esta vida con tus propias fuerzas, confiando en el yo para servirte de empuje? Si es así, no serás capaz de soportar el estrés y las tensiones que te rodean. Pero si depositas todo en Mis manos y Me permites guiarte y dirigirte, serás capaz de todo porque conmigo todas las cosas son posibles. ¿Sientes que la carga que estás llevando es demasiado pesada y que se te ha dado para ejecutar una tarea que te queda grande? ¿Por qué no empiezas ahora mismo a depositar todos tus pesos y cuidados ante Mí, y Me dejas guiar tu navegación a través de estas aguas turbulentas? Yo seré tu piloto en cada dificultad hasta llegar a aguas calmas y reposadas; te libraré de todo esfuerzo cuando tu fe y confianza estén totalmente puestas en Mí.

24 Junio

Dedica este día a Mí, dedícate a Mi servicio y al servicio de la humanidad. El servicio es una cura extraordinaria, porque si te olvidas de ti en el servicio, comprobarás que creces y te expandes de la forma más maravillosa. Alcanzarás grandes alturas y te sumergirás en profundidades muy hondas, y tu amor y la comprensión que tienes de la vida empezarán a cobrar sentido para ti. Este día va a proporcionarte incontables oportunidades de darte el máximo y de crecer. Acepta a cada cual con un corazón lleno de amor y gratitud, y siéntete crecer en conciencia y en sabiduría. Vívelo plena y abundantemente sin restricciones, sin limitaciones. Espera tan solo lo mejor de todas las cosas y de todas las personas, y mira cómo sucede así. Mantened el corazón abierto los unos a los otros. Los unos buscad los bienes más altos para los otros, y obrad desde ese elevado nivel de conciencia. Animaos entre vosotros de todas las formas posibles; todas las almas necesitan estímulo. Encontrarás, al ayudar a otros, que te estás ayudando a crecer al mismo tiempo.

25 Junio

Busca y encuentra la libertad del Espíritu; porque donde hay verdadera libertad, allí se encuentra la paz; y donde hay paz, allí hay amor; y es el amor el que abre todas las puertas. Donde hay amor, no hay crítica, no hay condena ni juicio, porque conoces y comprendes que todo es uno en Mí y en Mi amor. Ves a la familia humana y te das cuenta de que todos estáis creados a Mi imagen y semejanza. Vas más allá de lo externo hasta el mismo corazón de todo, donde no hay separación y todos estáis juntos de manera armónica, en completa unidad. Eres capaz de ver lo mejor en todas las personas y en todas las cosas. Cuando estás en perfecta paz en el interior, ya no empleas tu tiempo intentando cambiar a los demás. Tan solo aprendes a ser, y al ser creas un sentido de unidad con toda la vida, y el amor y la paz reinan de forma suprema.

26 Junio

Una vez que un polluelo ha salido de su cascarón o una mariposa de su crisálida, ya no hay vuelta atrás, sino un continuo abrirse a lo nuevo. Que la apertura sea para ti un proceso de día en día, de hora en hora, y de minuto en minuto. Siente la emoción y la expectación ante todo lo que está sucediendo. Jamás hay un momento de aburrimiento en esta vida cuando estás muy despierta, como de puntillas; siempre está sucediendo algo. Permite que suceda y no intentes detener su progreso; antes bien, anda a su compás. Te digo, todo lo que se despliega será para lo mejor y para el crecimiento y el beneficio de todos. Encuentra ese ritmo perfecto en la vida y ofrécele lo mejor de ti. Fluye con él, no en su contra, porque solo de ese modo encontrarás paz de corazón y mente; y cuando estás en paz en el interior, estás abierta y preparada para que lo nuevo se manifieste.

27 JUNIO

Estate dispuesta a avanzar sin miedo y a ser pionera de lo que se presentan como nuevas formas, nuevos conceptos y nuevas ideas. Estate dispuesta a atravesar viejas barreras y a revelar la luz de la verdad. Digo «que se presentan como nuevas» porque nada es nuevo. Es una cuestión de completar el ciclo; de encontrar de nuevo vuestra unidad conmigo; de volver a aprender a caminar y a hablar conmigo como ocurría en el principio; de renacer en el Espíritu y en la verdad. Siéntete crecer y expandirte. Siente cómo lo viejo se desprende de ti, y ponte lo nuevo con gozo y gratitud. ¡Qué glorioso es lo nuevo, qué maravillosos son Mis caminos! Hazte plenamente consciente de Mí y de Mi divina presencia, y regocíjate, pues Mi reino ha llegado. Que Mi paz y Mi amor te llenen y te envuelvan. Levanta tu corazón con profundo amor, alabanza y gratitud, y ten perfecta paz al entrar en este día y hacer Mi voluntad y andar por Mis caminos glorificándome.

28 Junio

Cuando un armario está lleno a rebosar y se abren las puertas, lo que estaba en el interior salta hacia fuera con estrépito y no hay nada que pueda detenerlo. Cuando se abren las compuertas de un dique, las aguas se precipitan con inmensa fuerza y potencia, arrastrando todo lo que encuentran a su paso. Así también con tu poder espiritual interno, una vez reconocido y liberado, nada puede impedir que fluya. Sale arrastrando consigo toda la negatividad y la desarmonía, y trae consigo paz, amor, armonía y comprensión. El amor es lo que vence al mundo; el amor es lo que une a la humanidad. Por tanto, cuanto antes liberes ese tremendo potencial de amor en tu interior y permitas que fluya con libertad, más pronto contemplarás la paz y la armonía mundiales y la unidad de toda la humanidad. Cuando tienes paz en el corazón, haces que brote lo mejor en todos, porque el amor solo ve lo mejor y así atrae solo lo mejor. No temas; ábrete, no retengas nada y deja que todo fluya libremente.

29 Junio

No te sientas sobrecargada por todo lo que queda por hacer. Únicamente aprende a dar un paso cada vez, y reconoce que cada paso es un paso más que te acerca a la meta. No intentes correr antes de aprender a andar o asumir algo que es demasiado para ti, de modo que tengas que arrastrar los pies, haciendo un enorme esfuerzo en cada paso. Hacer eso no es la actitud correcta; no es llenarse de Mi gozo y libertad. Eso significa que estás intentando hacerlo con tus solas fuerzas; significa que te has separado de Mí y has perdido la visión. Deja de hacer lo que estás haciendo y cambia toda tu actitud. Entrégamelo todo, relájate y disfruta con lo que estás haciendo de una forma completamente nueva. El cambio de actitud puede venir en un abrir y cerrar de ojos, así que cambia, cambia rápidamente, y danza y canta a lo largo del día conmigo de la mano.

30 Junio

¿Eres plenamente consciente de Mí y de Mi divina presencia? ¿Te despiertas cada día con una canción de amor y gratitud en tu corazón? ¿Estás preparada para lo que quiera que el día traiga, sabiendo que será un día maravilloso porque Yo voy delante de ti preparando el camino? ¿Esperas que este día traiga lo mejor y sabes que todo va a encajar a la perfección? ¿Puedes ver toda la belleza y la maravilla del mundo, o te encuentras concentrándote en el estado de caos en que el mundo está sumido, quejándote por el hecho de que la humanidad es su causa? Date cuenta de que sin fe no puedes vivir esta vida, porque es la fe la que hace que todas las cosas sean posibles. Es la fe la que te permite hacerlo todo, porque por ti misma tú no puedes hacer nada. Déjame obrar en ti y a través de ti para que todos lleguen a conocerme, a amarme y a querer andar por Mis caminos y hacer Mi voluntad.

JULIO

Se me mostró un rompecabezas
con las piezas extendidas sobre una enorme mesa.
Miré cómo se iba montando el rompecabezas
y vi que cada pieza encajaba
de un modo perfecto en su sitio justo.
Oí estas palabras:

Cuando estás en tu sitio justo, cumpliendo
tu parte específica, no puede haber
conflicto alguno y Mi plan puede desarrollarse
con auténtica perfección.

1 Julio

Regocíjate y da eternas gracias, pues sabes que vives por siempre. Lo haces de día en día, viviendo cada momento plena y gloriosamente, olvidando el pasado, sin preocupación por el futuro, simplemente aceptando que la vida es eterna y que no tiene principio ni final. Siempre que creces y te expandes en conciencia, comienzas a entender el misterio y la maravilla de la vida eterna y la realización de tu Unidad conmigo, el Creador de la vida. Paso a paso avanzas hacia adelante y hacia lo alto llena de paz, tranquilidad y serenidad, dándote cuenta de que todo está en Mis manos, de que no hay nada que deba preocuparte. La vida se convierte en una verdadera carga solo si intentas anticipar demasiado, lo cual es algo que a muchas almas les proporciona temor, incertidumbre e incluso falta de fe y creencia. Hazte como una niña pequeña, libre y contenta, y la vida será una continua fuente de deleite para ti. Cree en la vida y vívela plenamente.

2 Julio

No puedes probar nada a menos que lo sometas a examen. Tienes que entrar en la fe y hacer lo que parece imposible. Tienes que aprender a vivir más allá de ti misma, más allá de tus propios límites, tienes que probar que conmigo todas las cosas son posibles. Limitarte a vivir dentro de tu pequeño y confinado yo, temerosa de poner la vida a prueba, no te conducirá a ninguna parte, y no podrás ver Mi mano en todas las cosas. No temas nada; tan solo has de saber que YO ESTOY contigo siempre y te guiaré y te dirigiré paso a paso. Muestra al mundo que todas las cosas son para bien para las almas que de verdad Me aman y Me ponen en primer lugar en todas las cosas. Espera milagro tras milagro y mira cómo se producen. Contempla la manifestación del nuevo cielo y de la nueva tierra a medida que aprendes a llevar esta vida y a hacer que funcione. Mira cómo se sucede una maravilla tras otra, porque estás viviendo todo esto y lo estás poniendo en práctica.

3 Julio

Afínate, encuentra tu propia nota, y haz que suene alta y con claridad, pues eres parte de la vasta orquesta de la vida. Tienes tu parte específica que desempeñar, así que no intentes jugar el papel de nadie más. Busca y encuentra el tuyo propio y permanece fiel a él. Cuando aprendas a hacerlo, todo te irá muy muy bien. Son aquellas almas que pretenden interpretar la nota de algún otro las que se encuentran discordes con el resto. Nunca intentes ser como alguna otra persona o hacer lo que algún otro está haciendo. No quiero que todos seáis idénticos, como los guisantes en la vaina. Os necesito a todos diferentes con vuestras propias cualidades y dones individuales. Una orquesta compuesta por los mismos instrumentos sería muy monótona. Cuantos más instrumentos se mezclen con perfecta armonía en la orquesta, más rico y hermoso resultará el sonido.

4 Julio

«Bienaventurados los que tienen hambre y sed de justicia, porque ellos serán saciados.» Cuando tu anhelo sea lo suficientemente fuerte, será saciado, porque buscarás cada vez más la respuesta y no quedarás satisfecha hasta haberla encontrado. Tendrás la determinación, la paciencia, la perseverancia y la persistencia que te permita escudriñar hasta el último rincón para encontrar lo que buscas en este camino espiritual, la realización de tu Unidad conmigo. Nunca te sientas descorazonada o que estás haciendo castillos en el aire; tan solo has de saber que encontrarás lo que buscas al final si no desfalleces en el camino o te rindes con desesperación. Puesto que merece la pena superar cada obstáculo para alcanzar la meta, ten determinación para vencerlos, y no cedas a la tentación de creer que has dado con algo insuperable o imposible. Se fuerte y valerosa, y continúa adelante, siempre adelante, y con toda seguridad llegarás.

5 Julio

Tus pensamientos de abundancia determinan si tus necesidades van a quedar satisfechas o no. Cuando piensas en términos de pobreza, y cuando permites que aniden en tu conciencia el miedo, el temor, la preocupación, la inferioridad, la avaricia, el egoísmo y la ansiedad, al igual que cuando te aferras a esos estados negativos, atraes lo peor hacia ti. Cuando piensas como pobre, eres pobre, pues te privas de todas las cosas buenas de la vida que son tuyas si reajustas tu forma de pensar y la actitud hacia ellas. Comienza ahora a pensar en términos de prosperidad. Considera que todas tus necesidades están quedando satisfechas de un modo maravilloso. Niégate a considerarte carente de algo, porque si careces de algo, la falta está en tu propia conciencia. ¿Por qué detener el flujo de Mi suministro abundante, ilimitado, por medio de tu conciencia limitada, constreñida? Cuando comiences a entender y a aceptar de dónde procede todo, y cuando puedas darme gracias por todo de un modo libre y gozoso, no carecerás de nada absolutamente.

6 Julio

Pon toda tu fe y confianza en Mí, pues has de saber que nunca te defraudaré ni te abandonaré. Nada de lo que emprendas es imposible, porque puedes hacer todas las cosas conmigo. Vive según la fe. Quiero que veas surgir el bien de cada situación, por muy extraña que esa situación te pueda parecer. Muéstrate dispuesta a que tu fe y confianza queden sometidas a examen una y otra vez, porque ¿de qué sirve hablar de fe y confianza si no las pones a prueba y ves qué resultados te dan a ti? ¿Estás dispuesta a dar un salto con completa fe y a hacer lo aparentemente imposible, no como una bravata, sino porque sabes sin asomo de duda de dónde procede? No hables de la fe hasta que la hayas puesto a prueba y compruebes que es inquebrantable. Obtén tu fuerza y tu capacidad de Mí, pues cuando YO ESTOY contigo, ¿quién podría estar contra ti?

7 Julio

No puedes decir que Me amas y odiar a tus semejantes, porque el amor y el odio son como el aceite y el agua; no se mezclan. Cuando Me ames de verdad, amarás a tus semejantes. Os amaréis los unos a los otros. Mostraréis compasión y entendimiento mutuos. Cuando os améis los unos a los otros, Me amaréis a Mí. Están tan engarzados que no se pueden separar. ¿Cómo es el amor que os profesáis? ¿Estás dispuesta a renunciar a ti misma por otra alma? El amor no necesita ser expresado con palabras; se ve y se siente en la acción. Irradia desde dentro. El amor es el lenguaje del silencio. Se puede entender y aceptar sin pronunciar una sola palabra. Es un idioma internacional que se entiende por medio del corazón, no por medio de la mente. No importa tu nacionalidad, siempre hay modos de expresar el amor y de comunicarlo con absoluto silencio. Tus ojos, tu corazón, tu actitud, tu ser entero pueden dar a entender lo que estás sintiendo hacia otra alma.

8 Julio

Comienza bien el día en Unidad conmigo. Entonces, nada de lo que te ocurra durante el día podrá alterarte. Al empezar esta vida espiritual por primera vez, has de hacer un esfuerzo consciente por armonizarte, pero a medida que va formando cada vez más parte de tu propio ser, ya no supone un esfuerzo y vives de tal manera que eso eres tú. Encuentras un enorme gozo y libertad. No has de emplear la mitad de tu tiempo en oración buscando el perdón, temerosa de equivocarte o preocupada por si te sales del cauce y vas contra la corriente. Cuando cometas una falta, acepta el perdón enseguida y ten la determinación de no volver a cometer la misma falta de nuevo. Sigue adelante, hasta que vivir de este modo deje de suponer un esfuerzo y sea un auténtico gozo, hasta que sepas lo que es ser una conmigo y estar en perfecta paz.

9 Julio

Para ir al compás de la vida, has de aprender el arte de quedarte quieta, pues cuanto más queda estés, con mayor claridad podrás reflejar las cualidades de tu alma. ¡Qué fácil resulta echar las culpas al ambiente, a tu situación o a tus condiciones por el estado en que te encuentras! Ya va siendo hora de que dejes de hacerlo y de que te des cuenta de que la causa está en ti. Cuando busques y encuentres la paz y quietud interior, nada ni nadie será capaz de molestarte o de sacarte de quicio. Mira a tu alrededor; mira la belleza y la perfección de la naturaleza. Todo es ritmo en la naturaleza. Hay una ley y un orden perfecto en Mi universo. Nada es discorde; hay un tiempo y una razón para todo. Está ahí para que todas las almas lo vean y participen de él, así pues, acompásate con él. Fluye con él; y sé parte de la ley y el orden de Mi universo.

10 Julio

¡Qué importancia tan grande tiene tu actitud recta y positiva hacia el día de hoy y hacia todo lo que él te trae! Según el enfoque que tengas, puedes aguarlo o hacer que sea perfecto. La diferencia radica en tus reacciones a las cosas a medida que suceden. Cuando tus reacciones son negativas y agresivas, de inmediato alzas barreras y creas oposición, encontrando faltas con las que acusar a los otros. Estás tan ciega que no puedes ver que eres tú misma la que ha cometido la falta y vas por ahí con resentimiento. Si tus reacciones son positivas y constructivas, todas las barreras caerán y verás como te viene ayuda y cooperación por todas partes. Si has cometido un error, admítelo, di que lo lamentas y continúa. Entonces no se malgasta un tiempo precioso tratando de justificarse y de probar que estás en lo cierto. Tienes que aprender muchas lecciones. Apréndelas rápidamente, e intenta no cometer la misma falta dos veces.

11 Julio

¿Qué significa la vida para ti? ¿La disfrutas al máximo? ¿Aceptas que es infinita, que no tiene principio ni fin? ¿Saber eso te anima y te inspira o te horroriza y te deprime? Tu actitud hacia la vida en este momento es sumamente importante, porque se están desarrollando muchas cosas maravillosas, y es necesario que vayas al compás de todo lo que está ocurriendo y que no luches en su contra. Es un momento de apertura, no de lucha o batalla; por tanto, permanece queda, contempla maravilla tras maravilla desplegarse en auténtica perfección, y da eternas gracias. Da gracias por estar viva y por ser parte de lo que está sucediendo. Da gracias por los cambios rápidos, y transfórmate con los cambios. Todo es para lo mejor; por eso no tengas temor, y sigue adelante con júbilo. Siéntete parte de todo el proceso de renovación, de totalidad y de novedad.

12 Julio

Estás rodeada de belleza por todas partes. Abre tus ojos y mírala, y da gracias continuamente por ella. Que las cosas hermosas te transformen y te inspiren lo mejor y lo más alto. La belleza hace que salga lo mejor de ti y te una a lo más elevado. La belleza que reside en tu interior no puede quedar contenida; deja, pues, que brille. Llena tu corazón y tu mente con pensamientos de belleza, y refléjame, porque YO SOY belleza. Busca la belleza en todas las cosas, y cuando mires con la suficiente profundidad durante el tiempo necesario, la verás. Elévate por encima de las cosas sórdidas y feas de la vida, porque al elevarte por encima de ellas, puedes ayudar a transformarlas y a que queden transmutadas. La belleza está en el ojo del que mira; por lo tanto, está en lo profundo de ti. Emprende este día con la determinación de ver belleza en todas las personas y en todas las cosas, y así lo harás. El amor y la belleza van de la mano, por tanto permite que Mi amor universal fluya con libertad en ti y a través de ti, trayendo unidad.

13 Julio

Demasiadas almas malgastan su tiempo y su energía echando las culpas de los males de este mundo a todos los demás, en lugar de reconocer que ellas podrán hacer algo al respecto cuando empiecen por sí mismas. Comienza poniendo tu propia casa en orden en primer lugar. Cuando se arroja una piedra en el centro de un estanque, las ondas se expanden cada vez más, pero comienzan por esa piedra, comienzan a partir de ese centro. Comienza por ti misma; entonces podrás irradiar amor, armonía y comprensión a todas las almas que te rodean. Entra en acción ahora. Deseas ver un mundo mejor; entonces, haz algo al respecto, no señalando con tu dedo a todo el mundo sino mirando en tu interior, explorando tu corazón, corrigiendo tus errores y encontrando la respuesta en tu interior. Entonces podrás avanzar con autoridad y ser una auténtica ayuda a los seres más cercanos y a todas las almas con las que entres en contacto. El cambio empieza con el individuo, a continuación se expande hasta la comunidad, la ciudad, la nación y el mundo.

14 Julio

Todo ha de crecer y expandirse. No querrías seguir siendo una niña toda la vida, teniendo que ser alimentada y vestida y que te lo hicieran todo. Si observas un niño, verás cómo desea cambiar y cómo quiere intentar cosas nuevas. En todo momento está experimentando y aprendiendo, creciendo y expandiéndose. Ese el proceso natural de crecimiento, de cambio. Un niño no tiene que luchar para hacerlo; viene de un modo muy natural. Así también con el desarrollo de la Nueva Era, que está justo aquí contigo ahora. No es necesario que luches para entrar en ella; no es necesario que temas lo desconocido; no es necesario que te preocupes de la rapidez de los cambios y de la expansión a tu alrededor. Anhela con auténtica dicha y expectación lo que quiere manifestarse. Nada es demasiado grande, nada es demasiado maravilloso, nada es imposible. Contempla cómo Mis maravillas se despliegan en auténtica perfección, y da eternas gracias.

15 Julio

Puedes ayudar a traer Mi cielo a la tierra cuando te das cuenta de que YO ESTOY conduciéndote y mostrándote el camino. Encontrarás todas las indicaciones en lo profundo de tu ser, por eso no puedes desviarte o tomar la ruta equivocada. Busca en tu interior y sigue esas indicaciones, y contempla cómo se sucede maravilla tras maravilla. Jamás puede haber un momento aburrido cuando YO ESTOY guiándote y dirigiéndote. Búscame y encuéntrame en todo momento. No has de buscar muy lejos; YO ESTOY en medio de ti, pero tienes que ser plenamente consciente de Mí. Cuando vives y te mueves y tienes tu ser en Mí, estás creando el nuevo cielo y la nueva tierra. No hay tensión en la creación. Dije: «Que haya Luz» y hubo Luz. Digo: «Contempla Mi nuevo cielo y mi nueva tierra». Por tanto, contémplalos, da eternas gracias por ellos, y mora ahí en amor, paz y armonía perfectas ahora.

16 Julio

Muchas almas están buscando una respuesta a todo el caos y la confusión del mundo en este tiempo. Día a día empeora, pero no temas, pues las cosas tendrán que empeorar antes de mejorar. Un furúnculo llega a su punto máximo antes de reventar, y, cuando eso sucede, toda la infección sale y se limpia. Las cosas han de llegar a un punto crítico en el mundo antes de que salgan los venenos del odio, la codicia, la envidia y el egoísmo y pueda darse la curación. Te necesito con perfecta paz interior. La encontrarás a medida que tengas tu mente establecida en Mí, y puedas elevar tu conciencia, viendo tan solo lo mejor. No puedes ayudar a la situación del mundo si te dejas involucrar en ella. Tienes que quedar inmune a la enfermedad o de otra manera tú también la contraerás, y entonces no podrías ayudar de forma alguna. Necesito tu ayuda. Te necesito libre. Te necesito perfectamente en paz. Entonces podré usarte.

17 Julio

Asegúrate de que todo lo que haces esté dedicado a Mí y sea para beneficio de todos. Cuando vives para todos, el yo queda olvidado en el servicio a tus semejantes, y cuando les sirves a ellos, Me estás sirviendo a Mí. Todo está tan estrechamente engarzado que no puedes separar al uno del otro, Yo en ti y tú en Mí. YO ESTOY en todas las cosas y en todas las personas; por eso, YO ESTOY en tu vecino, en tu amigo y en tu enemigo por igual. Allí donde YO ESTOY, hay amor, pues YO SOY amor. Llena tu corazón y tu mente de amor, porque todas las cosas y personas responden al amor, pues el amor hace que salga lo mejor de todos. Donde hay amor, allí está Mi Espíritu, y donde está Mi Espíritu, allí está la fuente de tu vida espiritual. Busca siempre eso que está en lo profundo de ti, y no pierdas más el tiempo buscando una respuesta a la vida desde el exterior.

18 JULIO

Debes aprender a mantenerte sobre tus propios pies y a encontrar tu propio camino individual para funcionar en el plan global. Bebe tan solo de Mí, la fuente de toda vida y de toda creación; de ese modo no podrás equivocarte. Nunca vaciles si el camino se vuelve difícil; simplemente avanza con firmeza, sabiendo que únicamente se trata de un bache que estás atravesando. Cuanto más rápido lo atravieses, mejor; hazlo con la menor resistencia y resentimiento posibles, aprendiendo lecciones importantes y necesarias a cada paso. Debes aprender a mantenerte firme, a ser muy paciente y persistente, a no rendirte fácilmente. Mantén la visión delante de ti. Debes saber adónde te diriges y qué es lo que debe lograrse, y no abandones esa certidumbre hasta que la hayas visto hecha realidad. No puedes mostrarte debilucha en esta vida. Se requiere esa fuerza y ese conocimiento internos que nada puede romper ni perturbar. Haz que tu fuerza y tu seguridad residan en Mí.

19 Julio

No te limites a hablar del nuevo cielo y de la nueva tierra; de ti depende incorporarlos a tu vida para que se hagan realidad. No hables del amor; vívelo, para que todos puedan ver lo que significa. Las palabras sin actos son vacías e inútiles. Son como el aire caliente que se evapora y se queda en nada. Tienes que traer Mi reino a la tierra mediante tu modo de vivir y de comportarte, para que tu vida sea un ejemplo, un ejemplo gozoso que todo el mundo quiera seguir. Nadie quiere andar por la vida sobrecargado, sin gozo ni espontaneidad. Bendita la persona que trae gozo a las almas que están cargadas y que carecen de la chispa de la vida. Deposita todas tus preocupaciones ante Mí, y lleva alegría y libertad a las almas con las que contactes. Sé gozo e inspiración, y refléjame en todo lo que hagas, digas y pienses. Ten perfecta paz al hacer Mi voluntad y al caminar por Mis senderos, glorificándome.

20 Julio

Espera solo lo mejor, y espera que todas las necesidades queden satisfechas, incluso las que parecen imposibles. Jamás te limites o creas que no debieras esperar demasiado. Ten mucha claridad respecto a tus necesidades, formula cuáles son y, a continuación, ten la completa fe y confianza de que serán satisfechas. El cómo suceda tendrás que dejarlo en Mis manos. Tengo que obrar a través de canales para que eso suceda, pero todas las cosas son posibles conmigo. Por eso, no te preocupes y mira cómo se presentan Mis maravillas y Mis glorias, da eternas gracias, y úsalo todo para el bien de todos en todo momento. No estás viviendo según leyes humanas sino divinas; de modo que cualquier cosa puede suceder en cualquier momento. Espera milagros, y mira cómo tienen lugar. Mantén siempre ante ti el pensamiento de la prosperidad y la abundancia, pues has de saber que hacer eso pone en marcha fuerzas que harán que así suceda. Cuanto más positiva seas, con mayor rapidez ocurrirá.

21 Julio

¿Por qué buscar guía a través de alguna otra persona? ¿Por qué no acudir a Mí directamente? ¿No sabes que YO ESTOY dentro de ti? ¿No sabes que YO ESTOY aquí para dar respuesta a todas las preguntas, para ayudar a resolver todos los problemas, y para guiarte y dirigir cada uno de tus pasos si Me lo permites? Nunca Me impongo a nadie. Tienes que escoger buscarme y encontrarme, y cuando lo hagas, YO ESTOY aquí esperando a tomar las riendas, esperando a derramar amor sobre ti y a través de ti, esperando a mostrarte el camino. Una vez hayas elegido y Me permitas tomar el mando, podrás abandonarte y sencillamente seguir Mis instrucciones paso a paso. Verás producirse Mis glorias y maravillas, y verás milagro tras milagro sucederse en tu vida. Sabrás que nada ni nadie se interpondrán ante algo que sea recto y tenga todas Mis bendiciones, porque eso ocurrirá en el momento justo con auténtica perfección.

22 Julio

Todo lo que tengo es tuyo. Piensa en lo maravilloso de esas palabras, y después deja expandir tu conciencia para que puedas aceptarlas y conocer su auténtico significado. Mira cómo se convierten en realidad en tu vida, y no vuelvas a aceptar limitación alguna, porque todas Mis promesas habrán de suceder; no son promesas vanas. Sencillamente, afírmate en la fe, y que esta no vacile ni por un instante. Todo les llega a las almas que esperan en Mí y depositan en Mí su fe y confianza enteras. Mira cómo se despliega ante ti una maravilla tras otra. Reconoce lo maravilloso en las cosas pequeñas de la vida al igual que en las grandes. Abre tus ojos para no perderte nada; abre tu corazón y que tu amor continúe manando. El amor atrae al amor. Todas las almas anhelan ser amadas, ¿por qué no dar, pues, amor?, y en la medida en que des, recibirás. Pero aprende a dar libremente sin que quede rastro alguno de apego, y disfruta de la vida al máximo.

23 Julio

¡Despiértate y vive! Vive la vida plena y gloriosa que es tu verdadera herencia. No temas nada. Dentro de ti se encuentran toda la sabiduría, todo el poder, toda la fuerza y toda la comprensión. Arranca de ti las malas hierbas de la duda, el miedo y la incertidumbre para que no puedan estropear el hermoso jardín de tu interior más profundo, y para que de ese modo pueda crecer lo mejor con auténtica libertad y perfección. Libera todo lo que está en tu interior para que pueda reflejarse en el exterior; no puedes ocultarlo por mucho que lo intentes. Si hay caos y confusión en tu interior, se reflejará en el mundo externo mediante tu aspecto, a través de tu comportamiento, por medio de lo que hagas y de lo que te rodee. No puedes ocultar lo que hay en tu interior por mucho que lo intentes. Cuando tus pensamientos son muy elevados, la belleza y la perfección se reflejan en el exterior. Eres como un espejo que ha sido muy pulido; nada puede permanecer oculto.

24 Julio

Atraviesa la vida con una enorme sensación de paz, y te sorprenderá lo mucho que puedes hacer. Puedes hacer mucho más de forma callada y confiada que en un estado mental perturbado. Cuando eres incapaz de concentrarte en lo que estás haciendo, eso indica que lo estás haciendo a medias, y, por tanto, no de la mejor manera posible. Date cuenta de la importancia que tiene tu actitud recta hacia todo lo que hagas para poder disfrutar de la vida al máximo. Quiero que disfrutes de la vida y que encuentres lo mejor en ella. Comprobarás que, cuando conoces hacia dónde te diriges y lo que estás haciendo, no pierdes tiempo alguno siendo indecisa sino que lo abordas enseguida y lo haces. Tómate tiempo para averiguar directamente a través de Mí lo que se requiere de ti. Tan solo puedes hacerlo en paz y sosiego; por tanto, busca tiempo para eso. Es una clave muy importante.

25 Julio

Ahora es tiempo de construir, de crear, de unir, tiempo de armonía, de paz y de amor, tiempo de totalidad y de unidad. Alberga esos pensamientos positivos, constructivos y creativos en tu conciencia en todo momento y no los dejes escapar. Haz que vivan, se muevan y tengan su ser en ti, y contempla cómo la visión del nuevo cielo y de la nueva tierra toma forma y sustancia. Que se despliegue en tu interior. A medida que te armonices con la idea de la Nueva Era y con su verdadero significado, gradualmente comenzará a desplegarse en tu interior, y te darás cuenta de que eres parte de ella y ella es parte de ti. Es algo tremendo, como un gigante adormecido esperando despertar de su sueño, y una vez que comience a moverse, nada podrá impedir que llegue. No hay nada contra lo que luchar; ya no es necesario entablar batalla. Tan solo aprende a esperar en Mí, y deja que se revele Mi plan perfecto.

26 Julio

YO ESTOY en tu interior. No estoy en un alma más que en otra; es solo cuestión de darse cuenta. Algunas personas son más conscientes que otras de la divinidad en su interior y son capaces de acudir a esa fuente y de vivir según ella. Por eso, parece que estén viviendo y demostrando algo sobrenatural. No hay nada sobrenatural en eso; se trata únicamente de vivir según Mis leyes, utilizando la energía que está dentro de cada persona tal y como ha de hacerse. El aire está para respirarlo, aunque depende de cada uno respirarlo o no. La electricidad está para ser utilizada, pero se ha de poner en funcionamiento, hay que conectarla y utilizarla. Si no hacemos eso, aunque haya electricidad, no se podrá demostrar su energía, que está aguardando ser liberada. Así también con la energía espiritual que hay en tu interior. Está ahí para que tú la utilices, sin embargo, si no la conectas y pulsas el interruptor, ahí seguirá.

27 Julio

Cuando te niegues a aprender una lección de una forma, se te presentará de otra. Siempre hay una forma fácil, pero si te niegas a aceptarla, se te presentará la forma más difícil y complicada. ¿Por qué no aprendes tus lecciones del modo más fácil? ¿Por qué no puedes ser como una niña pequeña, con ganas de aprender y receptiva ante todo lo que ocurra en tu vida? ¿Por qué no crecer con todo ello del modo más natural? Ese es Mi plan para ti, ¿por qué complicarte, pues, la vida cuando no es necesario? Hacer eso tan solo detiene el progreso. Encontrarás, a medida que aprendas a anteponerme a todas las demás cosas, que todo encaja a la perfección. Cuando puedas elevar tu conciencia y mantenerla elevada en un nivel espiritual en tu vida, hasta la altura de lo que realmente importa, entonces tendrán lugar grandes cambios y la vida se desarrollará para ti sin esfuerzo alguno. La vida es muy sencilla. ¿Por qué complicártela?

28 Julio

Ora sin cesar. Que tu vida sea una constante oración de amor y gratitud. La vida es muy muy buena, pero has de recordar siempre que la vida es lo que haces de ella. Por eso, si eres negativa, atraes la negatividad hacia ti, y una nube oscura cubre tu vida, separándote del más alto bien. Si eres constantemente positiva, viendo lo bueno en todas las personas y en todas las cosas, un cielo azul y el brillo del sol te rodearán y morarán en tu interior. Llena tu vida de amor, fe, esperanza y plenitud. Aprende a amar la vida, porque cuando la amas, tu vida se convierte en una oración constante y en verdad oras sin cesar. La oración es tu comunión interna conmigo, cuando caminamos y hablamos juntos tal como lo hacíamos en el principio. La oración es el alimento del Espíritu, la fuente nutricial del alma. Es una profunda necesidad interna en todas las almas. Siente esa necesidad interna y dale una respuesta.

29 Julio

Cuando te digo que Mi plan glorioso se desarrollará paso a paso, quizá lo visualices desarrollándose lentamente. Amada mía, nada sucederá despacio ahora. Todo se está acelerando. Aun así, será una apertura gradual porque todo sucederá a su tiempo de un modo perfecto. Deja que así ocurra y no intentes detener nada de lo que está sucediendo, aunque temas la rapidez con la que está ocurriendo. Mi ritmo es perfecto. ¿Por qué no habrías de aceptarlo? No dejes que haya resistencia alguna en tu interior; antes bien, encuentra libertad y dicha perfectas a medida que el plan se va desarrollando. Es un plan realmente maravilloso, y tú eres parte del mismo. Tienes tu propio papel en él; por eso es importante que averigües cuál es y que lo desempeñes. No dejes pasar otro día sin averiguarlo. Cuando te tomes un tiempo de quietud en el silencio, sabrás cuál es tu parte específica.

30 Julio

Da gracias constantes por todo. Hay mucho que agradecer; abre tus ojos, mira a tu alrededor, y considera cuán bendecida estás. Al hacerlo, te encontrarás llena de una abrumadora sensación de amor y gratitud, y toda tu vida asumirá un sentido nuevo. La gente que te rodea te importará más porque tu corazón estará lleno de amor por ellos, y podrás comprenderlos y tolerarlos más. Te descubrirás agradecida hacia ellos, por su amor y por su compañía, por ser simplemente quienes son. Tus ojos se abrirán a toda la belleza y armonía que te rodean, a las maravillas de la naturaleza. Verás con ojos que de verdad ven; oirás con oídos que de verdad oyen; y hablarás con palabras de amor y comprensión. La vida será buena contigo porque no darás nada por hecho sino que mostrarás aprecio hacia todo y podrás ver Mi mano en todas las cosas.

31 Julio

Tus pensamientos de amor, positivos y creativos tienen un tremendo poder, mucho mayor de lo que pareces darte cuenta, pues los pensamientos son poder. Por eso, elimina todos los pensamientos negativos. Mira siempre la cara luminosa de la vida, porque cuanta más dicha y amor irradies, más dicha y amor atraerás hacia ti. Ama a las almas que te rodean, pues verás que al final todo el mundo responde al amor. Los niños y los animales lo hacen de inmediato porque no tienen barreras que derribar. Ellos sienten el flujo del amor de un modo instintivo porque no tienen sospecha alguna de que haya motivos o intenciones torcidas; tan solo lo aceptan, responden al amor y lo devuelven de un modo gozoso; mientras que, muy a menudo, los adultos tienen sospechas e imaginan que debe haber detrás algún otro motivo. Cuando esos motivos sean puros y genuinos, permite que el amor fluya con plena fuerza hasta que todas las barreras hayan caído. El amor es la clave de la vida. Tú la tienes en tu interior.

AGOSTO

Se me mostró un campo de maíz,
a punto para ser cosechado.
Oí estas palabras:

Hay un tiempo y una estación para cada cosa.
Nunca dejes para mañana lo que sabes
que deberías hacer ahora; fluye, empero,
con el ritmo de la totalidad de la vida
y ten perfecta paz.

1 Agosto

Sintonízate conmigo en la paz y en la quietud. ¿Cómo puedes esperar escuchar Mi pequeña voz silenciosa cuando hay agitación en tu interior y estás demasiado ocupada como para quedarte quieta y escuchar? A medida que aprendas a estar sosegada, serás capaz de hacerlo, sin que importe lo que estés haciendo ni dónde te encuentres. Podrás revestirte de un manto de paz y serenidad, y encontrarás ese centro de paz que nada puede perturbar. Allí Me encontrarás en medio de ti. Encontrarás la realización de tu Unidad conmigo, la fuente de toda creación. En ese estado de paz y de unidad, tendrás pleno dominio de cada situación, y sabrás con exactitud lo que hay que hacer y cómo hacerlo. Es algo que todos los individuos pueden hacer cuando quieran; no está reservado únicamente a unos pocos. ¿Por qué no te quedas en sosiego y en paz perfecta ahora?

2 Agosto

Aprende a actuar espontáneamente, según la intuición, y a hacer lo que tu corazón te llame a hacer, no únicamente lo que tu mente te diga que es razonable o sensato. Algunos actos de amor puro pueden parecer muy poco razonables, o incluso semejar locuras a los ojos de otros, pero no importa. Cuando sientas una llamada a actuar, hazlo y no te detengas a sopesarlo ni tan siquiera para preguntarte por qué lo estás haciendo. Ese pequeño acto de amor tal vez tenga algún efecto de largo alcance. Quizá ni siquiera se haga manifiesto en un principio. No pierdas el tiempo buscando resultados; tan solo haz lo que sabes que debes hacer, y déjame el resto a Mí. A veces, esa semilla de amor puede tardar mucho en germinar en un corazón duro y frío, pero una vez plantada, tarde o temprano se dejará ver. Todo lo que has de hacer es cumplir tu parte con fe, y saber que todo está muy muy bien.

3 Agosto

Cuando se cierra una puerta, se abre otra. Espera que esa nueva puerta revele incluso mayores maravillas, glorias y sorpresas. Siempre espera lo mejor de cada situación, y mira brotar lo mejor de cada persona. Nunca te deprimas o te dejes abatir cuando veas que una puerta se cierra delante de ti. Tan solo has de saber que todas las cosas obran al unísono, para el bien de las almas que de verdad Me aman y Me ponen en primer lugar en todas las cosas. Siéntete crecer y expandirte a medida que atraviesas cada experiencia, y busca la razón que hay tras ella. Aprende de la misma, y ten la determinación de no volver a cometer la misma falta dos veces, si es que te parece haber cometido una falta, porque puedes aprender mucho de ella si no dejas que te hunda. Tu actitud entera hacia la vida es muy importante; por eso, date cuenta de que tu vida es lo que haces de ella. Haz que sea una vida maravillosa, gozosa, emocionante, en la cual cualquier cosa puede ocurrir en cualquier momento porque estás cumpliendo Mi voluntad.

4 Agosto

¿Por qué no empiezas cada día sintonizándote con el mayor bien que hay en tu interior? Después, haz que te acompañe en todo lo que hagas a lo largo del día. Que la paz y el amor fluyan libremente en ti y a través de ti, hasta alcanzar a todas las personas con las que entres en contacto. Observa Mi perfección y Mi todo en todos tus semejantes, y aférrate a eso. Cuando puedas hacerlo, todas sus imperfecciones serán eliminadas, y los verás a la luz de la perfección: porque estarás viendo con Mis ojos, y Yo tan solo puedo ver lo perfecto en todas las cosas y en todas las personas; Refléjame; sé una conmigo. Que tu conciencia sea de unidad y de totalidad. Has de saber que YO ESTOY trabajando en ti y a través de ti, y que cada uno de tus actos y pensamientos están guiados y dirigidos por Mí. Has de saber que en la medida en que la armonía, la belleza, la ley y el orden entren en tu vida, el caos y la confusión saldrán volando por la ventana. Siempre que permanezcas en ese estado de conciencia todo estará muy muy bien.

5 Agosto

Haz que tu nivel sea alto; cuanto más alto, mejor. No seas descuidada o chapucera en nada de lo que acometas. La meta siempre debe ser la perfección. Quizá parezca imposible de alcanzar, pero aun así, continúa aspirando a ella, continúa haciéndolo lo mejor posible. No te quedes nunca satisfecha con nada que sea mediocre, o con lo que se haga a medias tintas y sin amor. Que todo lo que hagas, sea lo que sea, sea para Mi honor y Mi gloria, pues cuando tu propósito sea hacerlo todo por Mí, tu meta siempre será la más alta, y no quedarás satisfecha a menos que estés dando lo mejor de ti. Aprende a olvidar el yo en el servicio a los demás. Encontrarás un auténtico gozo en la donación a todos los niveles. Recuerda siempre: hay muchos niveles en los que puedes dar, desde el más alto hasta el más bajo, desde el espiritual hasta el físico. En cualquier de ellos, da y da de todo corazón, y comprobarás que en la medida que des, habrás de recibir.

6 Agosto

Permanece en quietud y receptiva a la vida. Cuanto más capaz seas de sosegarte, más receptiva estarás, pues es en la quietud donde puedes escuchar Mi pequeña voz silenciosa. Es en la quietud donde puedes hacerte consciente de Mis maravillas, que te rodean por todas partes. En la quietud te vuelves muy sensible a las cosas de la vida que son importantes de verdad, y en ese estado de sensibilidad las puertas pueden abrirse de par en par y cualquier cosa puede ocurrir. Debes buscar y encontrar periodos de paz y sosiego, aunque seas una persona muy ocupada, pues no es preciso que se trate de periodos largos. Verás cómo esos escasos momentos en comunión silenciosa conmigo obrarán maravillas en todo lo que hagas. En lugar de precipitarte en un proyecto, o de hacer algo porque debe hacerse, tu actitud entera hacia todo lo que emprendas será de bendición, alabanza y gratitud. Como tu actitud y tu enfoque son rectos, tan solo lo mejor puede brotar de ahí, y llevarás bendiciones a todas las almas que tengan que ver con lo que hagas.

7 Agosto

Camina en LA luz y nunca temas que el rayo de la luz de la verdad incida plenamente sobre ti. Cuando no tienes nada que ocultar, nada de lo que avergonzarte, eres tan libre como un niño pequeño sin inhibiciones, que es capaz de expresarse con auténtico gozo. Está radiante de contento y esa alegría es contagiosa y llega a todos los que entran en contacto con él. El júbilo no puede esconderse ni contenerse. Se manifiesta en cientos de formas: con una mirada, con una palabra, con una expresión. La alegría atrae a la gente, pues todos responden a las almas que están contentas y son felices, y a todos les gusta estar en su compañía. La alegría atrae a las almas hacia sí como un imán al hierro, mientras que la tristeza y la negatividad las repelen. Cuando sabes que estás haciendo lo que debes hacer y que estás en el lugar justo, irradias alegría y libertad. Todo fluye sin fricciones y encaja en su sitio justo. De esa manera atraes lo mejor hacia ti; no puedes evitar hacerlo, porque cada cosa atrae a su igual.

8 Agosto

A medida que aprendas a hacer Mi voluntad y a caminar por Mis senderos, comenzarás a conocer el sentido de la paz y armonía internas. Tu corazón rebosará de amor, tu comprensión crecerá y te volverás más abierta y tolerante, y verás con claridad que hay muchos caminos que conducen hasta Mí. Aprenderás a vivir y a dejar vivir, y ya no tendrás la impresión de que el tuyo es el único camino. No volverás a ser dogmática respecto a nada, sino que de una forma callada y confiada seguirás tu camino sabiendo que es el apropiado para ti. No volverás a intentar cambiar a otras almas sino que aprenderás a vivir de modo tal que esas almas quieran saber qué es lo que tú tienes y ellas no. No lo olvides nunca; puedes enseñar mucho más mediante el ejemplo. Si haces Mi voluntad en silencio, eso tendrá mucho más efecto sobre la humanidad que si profieres muchas palabras maravillosas procedentes de las alturas, pero dejas de vivir lo que predicas.

9 Agosto

Adopta siempre una actitud optimista ante todo, y borra toda oscuridad y negatividad. En la vida estás rodeada de muchas personas, cosas y experiencias maravillosas. ¿Por qué no te concentras en ellas y las agradeces, soltando y liberando todo lo que es desagradable, triste o difícil? Mediante tu actitud atraes hacia ti lo mejor o lo peor de la vida. Por tanto, si le echas la culpa a las circunstancias, a la vida o a las personas por tus desgracias, mira en tu interior para ver qué es lo que puedes hacer para cambiar tu actitud. Cuando lo hagas, verás como, poco a poco, empiezan a producirse cambios, y comenzarás a darte cuenta de cuán bendita estás y lo realmente maravillosa que es la vida. ¡Qué dicha y qué privilegio es estar viva, estar donde estás, hacer lo que estás haciendo, rodeada de tantas cosas y personas estupendas! Comienza ahora mismo a buscarlas. Están ahí mismo, así que no tienes que buscar muy lejos.

10 Agosto

¿Quieres hacer algo para ayudar a la situación mundial? Entonces, mira en tu interior, pues no tienes que olvidar que todo comienza en el individuo. A medida que cambies tu conciencia hacia el amor, la paz, la armonía y la unidad, la conciencia del mundo entero cambiará. Pero no siempre resulta muy agradable al principio. Encontrarás puntos oscuros que necesitan ser aclarados en tu interior. Encontrarás que tus motivos no siempre son los más elevados, y que tus gustos y disgustos son mucho más pronunciados de lo que hubieras imaginado. Te darás cuenta de que eres muy dada a discriminar cuando no debiera haber discriminación alguna, pues todos sois uno bajo Mi mirada. Te darás cuenta de que el amor que os profesáis entre vosotros no es como debiera. Comienza poniendo todas las cartas sobre la mesa, ten la determinación de hacer algo al respecto, y comienza a hacerlo ahora. No existe mejor momento. YO ESTOY aquí para ayudarte. Llámame, y déjame guiar cada uno de tus pasos.

11 Agosto

¿ESTÁS en armonía con toda la vida? ¿Te sientes una con todas las almas que te rodean, y en paz? ¿Eres parte del caos y de la confusión del mundo en este tiempo, o es tu vida parte de la respuesta a los problemas del mundo? En este momento no se puede estar entre dos aguas. O trabajas en favor de la luz o no; la elección está en tus manos. O estás conmigo o estás contra Mí. Tu fe y tu creencia no pueden ser tibias o indiferentes. O son de todo corazón o no lo son. Te necesito encendida, inflamada de amor por Mí, completamente dedicada a Mí y a Mi trabajo, dispuesta a hacer Mi voluntad sin importar el precio. Lo pido todo, y solo cuando se da todo se recibe todo. No se te va a quitar nada, y sabrás que todo lo que Yo tengo es tuyo.

12 Agosto

No puedes hacer todo lo que debieras cuando estás en tensión. Tómate tiempo para estar sola, y haz algo sencillo, algo que te guste, pero que sea algo que tú misma escojas, no lo que otra persona te sugiera. Cuando lo hagas, te descubrirás capaz de verlo todo desde un nivel de conciencia distinto. Se te quitará un peso de encima y verás que eres capaz de hacer mucho más. Ten en cuenta también que no has de intentar anticipar demasiado lo que está por venir; eso en sí ya puede ser causa de una gran tensión y perturbación. Tan solo se puede dar un paso cada vez, y el siguiente vendrá en el momento justo. Deja que la vida se desarrolle sin intentar manipularla. No te irrites ni te impacientes cuando las cosas no salen como esperabas. En vez de eso, busca y mira el propósito y el plan que hay en todo lo que está ocurriendo, y date cuenta que todo obra para lo mejor.

13 Agosto

Aprende a pensar y a sentir por otros, para obrar con ellos como quisieras que lo hicieran contigo. Aprende a entenderles y a entrar completamente en sus vidas y en sus corazones, llevándoles amor y comprensión, y eliminando así toda crítica, juicio y condena. Date cuenta de que el amor transforma y transmuta toda la amargura y el odio, y que la comprensión abre los corazones que habían permanecido cerrados y que se han mantenido fríos e inconmovibles. Pon en práctica estas palabras en tu vida: «No resistas el mal sino véncelo con el bien». Es más fácil decirlo que hacerlo, pero hasta que no se haga y se viva, no podrá haber paz y buena voluntad en la humanidad. Estas palabras han sido oídas, leídas y predicadas en muchas épocas, pero no se han vivido; por eso hay guerras, destrucción, odio y mal en el mundo. Ese estado de cosas continuará hasta que la humanidad aprenda a vivir una vida y no se limite a hablar de ella, hasta que aprenda a hacer que esas maravillosas palabras vivan y vibren en la vida cotidiana.

14 Agosto

Al igual que tu contribución al conjunto es la de tus dones y talentos específicos, así también cada pieza del rompecabezas de la vida se une para formar el todo perfecto. ¿Cuáles son tus dones y talentos específicos? ¿Por qué no compartirlos y dejar de esconderlos, ya que todos ellos se necesitan? Quizá te dé la impresión de que tienes muchos dones, o puedes creer que tienes muy poco o nada que dar. Lo último no es cierto. Tú tienes algo propio y único que dar, algo que nadie podría dar en tu lugar, y ese algo es necesario. De ti depende averiguar de qué se trata y darlo. Se requiere toda clase de personas para hacer el conjunto. Cada una de las tuercas, ruedecillas y muelles son necesarias para construir un reloj. Cada órgano del cuerpo, cada célula y átomo diminutos son precisos para formar el cuerpo perfecto. Cuando puedas verte como parte del todo, ya no querrás guardar para ti lo que tú tienes que dar.

15 Agosto

Si encuentras difícil amar a tus semejantes, no intentes forzarte a hacerlo, pues no puedes obligarte a amar a alguien. Pero cuando Me busques y Me pidas ayudas, pondré en ti la semillas del amor en tu corazón. Todo lo que habrás de hacer entonces es, con extrema suavidad y de forma callada, cuidarla y ver cómo crece sin esfuerzo alguno por tu parte. Intentar por ti misma querer a alguien es una batalla perdida. Comprobarás que cada uno atrae a su igual, y de manera muy natural te sentirás más atraída por unas personas que por otras, y con las primeras podrás identificarte más fácilmemte; pero que eso no es motivo de preocupación. Gradualmente conocerás el sentido del amor universal, a medida que crezcas y llegues a conocer el significado de Mi amor divino. Deja que se abra en ti de un modo muy natural, sin hacer ningún esfuerzo; ten tan solo un profundo anhelo interno de amar más.

16 Agosto

Tu actitud es vitalmente importante, mucho más de lo que te das cuenta. Por tanto, si no puedes hacer algo con la actitud correcta, no lo hagas hasta que puedas cambiar de actitud. Disfruta de verdad haciéndolo, y date cuenta de que, sea lo que sea, es importante para el funcionamiento fluido del conjunto. No temas cargar con responsabilidades; antes bien, crece en estatura y en sabiduría al hacerlo. Has de saber que nunca se te da más de lo que eres capaz de soportar. Es importante que cada responsabilidad te ayude a crecer y a expandirte un poco más cada vez. El objetivo de las responsabilidades no es hundirte ni sobrecargarte sino ayudarte a crecer. No guardes resentimiento por las responsabilidades que se te dan, agradécelas. Quiero que sepas que no se te darían si Yo no te creyera capaz de llevarlas adelante. Busca Mi ayuda en todo momento. YO ESTOY siempre dispuesto a ayudarte y a guiarte. Llámame.

17 Agosto

Aprende a ser muy flexible y a adaptarte. Al mismo tiempo, obra siempre desde un conocimiento interno estable, para no ser influida o depender de circunstancias y condiciones externas. Date cuenta de que tu modo de vida externo es un reflejo de tu vida interna. Cuando tienes paz en tu interior, irradias paz en el exterior; porque si tu corazón está rebosante de amor, no puedes evitar reflejarlo e irradiarlo a tu alrededor. No puedes ocultar lo que está en tu interior, pues tu estado externo es un espejo de tu estado interno. El tiempo que empleas en paz y quietud nunca es tiempo perdido. Es necesario que cada alma encuentre tiempo para quedarse en quietud y reflexionar sobre lo que está en lo profundo, sobre las cosas que realmente importan en la vida, las que hacen que tu vida sea lo que es, sobre los caminos del Espíritu. No importa cuán ocupado tengas el día. Esos tiempos de quietud son esenciales y constituyen la misma médula de tu vida.

18 Agosto

No dejes que te hundan las preocupaciones ni consientas que te hagan perderte todas las maravillas de la vida. Considera toda la belleza y las maravillas de la vida. Camina con los ojos abiertos de par en par y aprecia toda la belleza que te rodea. Toma un día cada vez y aprecia al máximo ese día. Que todo momento esté lleno de amor y gratitud. Cuando sobrevenga algo que no sea armonioso, mira rápidamente a tu alrededor y observa cómo puede ser cambiado por algo armonioso. Hazlo enseguida, porque los pensamientos negativos y perjudiciales pueden crecer tan deprisa como las malas hierbas de un jardín, e impedir así el crecimiento de todas las plantas bellas y delicadas si se les permite tomar el control. Aprende a controlar tus pensamientos para que meramente sean de belleza, armonía y amor. Una vez se hayan arraigado bien tus pensamientos positivos, buscarás automáticamente lo mejor de cada situación. Tan solo entonces podrás relajarte, soltar y entrar en el júbilo y en la libertad del Espíritu.

19 Agosto

¿Por qué no empezar ahora a recibir tu inspiración y guía espiritual de primera mano y no a través de alguna otra persona? ¿No te das cuenta de que posees en el interior toda la sabiduría, todo el conocimiento, toda la comprensión? No es necesario que busques en el exterior, pero eso supone que tienes que emplear tiempo en estar quieta para entrar en lo más profundo de ti hasta encontrarlos. Nada hay más maravilloso o de más valor que entrar en contacto directo conmigo, la fuente de toda creación. Eso significa que has de tomarte tiempo y, si fuera necesario, esforzarte por encontrarlo. Tienes que llegar al estadio en el que seas plenamente consciente de Mí y de Mi divina presencia en todo momento, en el que estés dispuesta a incorporarme a toda tu vida, y camines y hables conmigo en todo momento, compartiéndolo todo conmigo, tanto los éxitos como los fracasos. Cuando fluya el amor y seas una conmigo, querrás por encima de todo compartirlo todo conmigo.

20 Agosto

Todas las almas han de aprender la autodisciplina, y cuanto antes se aprenda en la vida, más fácil resulta. Al principio, la autodisciplina puede suponer un auténtico esfuerzo, porque has de obligarte a hacer cosas contra las que el pequeño yo se rebela. Has de aprender a decirte «no» a ti misma, pero cuanto más firme seas contigo misma, más rápidamente reinará la paz dentro de ti. Es bueno que cada tanto te detengas a examinar en qué áreas te muestras débil y autoindulgente. Eso implica que has de ser muy honesta y no buscarte excusas. A lo mejor incluso te ayuda escribir las zonas en las que te parece que necesitas cambiar para tenerlas ante ti. A continuación, haz algo al respecto. Si te sientes incapaz de superar ciertas flaquezas, no te pido que lo hagas por ti misma. YO ESTOY siempre aquí para ayudarte. ¿Por qué no llamarme?

21 Agosto

Todo el mundo ha tenido la experiencia de haberse quedado completamente turbado ante alguna cosa que alguien ha dicho o hecho. En lugar de afrontarla enseguida, quizá hayáis permitido que esta afectara vuestro comportamiento entero, hasta encontraros totalmente bloqueados e incapaces de ayudar a nadie. Quizá incluso habíais empezado el día con las mejores intenciones, con amor hacia todos en vuestro corazón, decididos a ver lo mejor allí donde pusierais la mirada. La próxima vez que suceda, reconoced lo que está sucediendo e inmediatamente elevad vuestra conciencia. Llamadme. Que vuestra mente se mantenga firme en Mí, para estar completamente conscientes de Mí y de Mi divina presencia. Veréis la diferencia que eso supone. Si sois capaces de dirigir rápidamente vuestros pensamientos hacia Mí y hacia Mi amor divino cuando os encontréis en una situación negativa, todo puede cambiar completamente. Recordad esta idea la próxima vez. Intentadlo y comprobad cómo funciona.

22 Agosto

No importa donde estés o lo que estés haciendo. YO ESTOY contigo siempre. Pero a menos que seas plenamente consciente de eso, puedes pasar por la vida como una persona ciega, sin percibir las maravillas y las bellezas que te rodean, abriéndote paso a tientas en la oscuridad. Cuando eres consciente, tienes ojos para ver y oídos para escuchar. Todas las cosas pequeñas de la vida toman un sentido nuevo y más hondo. No das nada por hecho, y ves un plan y un propósito en todo lo que está ocurriendo en tu vida. Encuentras auténtico gozo en todo lo que tiene lugar en tu vida. Ves con los ojos del Espíritu. Comprendes las cosas importantes de la vida, y la vida está llena a rebosar de alegría y felicidad. Comienzas a apreciar que no hay nada fortuito en todo lo que está sucediendo. Reconoces Mi mano en todo, y tu corazón se llena de amor y gratitud.

23 Agosto

Que el poder del Espíritu fluya en ti y a través de ti. Ábrete a ese poder infinito y date cuenta de que su verdadero secreto reside en mantenerte en estrecho contacto conmigo, en beber de la infinita, eterna fuente. Está siempre aquí para que de ella beban todas las almas que están dispuestas a utilizarla rectamente para beneficio de todos. Tienes que estar dispuesta; tienes que pedir antes de poder recibir. No se te impondrá antes de que estés preparada. ¿Crees que conmigo todas las cosas son posibles? ¿Lo aceptas como un hecho o todavía albergas dudas y temores que estropean la perfección de tu vida? Hay un ritmo perfecto en toda la vida, y, cuando guardas ese ritmo, fluyes con ella sin esfuerzo alguno, y encuentras gozo e inspiración al hacerlo. ¿Por qué no, pues, seguir ese ritmo, ir al compás y disfrutar de la vida al máximo?

24 Agosto

Explora tu corazón. ¿Hay algo en ti que esté causando desunión y división? ¿Hay algún malentendido, celos, envidia o algo negativo que te haga perder los estribos? Tendrás que enfrentarte a ti misma con ecuanimidad y, de un modo directo, ser muy honesta contigo misma. Sabrás sin asomo de duda si eres esa pieza de arenisca que deja trazar sobre sí la trama perfecta de Mi plan. Si te encuentras incómoda y te descubres poniendo excusas e intentando justificar tus acciones y tus pensamientos, puedes estar segura de que hay algo en lo profundo de ti que necesita cambiar. Cuando reconozcas de qué se trata, que eso no te deprima; por el contrario, empieza desde ahí mismo, y a partir de ahí comienza a cambiar toda tu actitud. YO ESTOY siempre aquí para ayudarte. Llámame, y Yo te ayudaré a vencer todo lo que parezca interponerse en el camino impidiéndote sentirte una con todo.

25 Agosto

Jamás pienses que no tienes nada que ofrecer. Tienes una inmensidad que dar, y comprobarás que cuanto menos lo pienses, mejor resultará. Cuanto más pienses y vivas para los demás y puedas olvidar el yo completamente en el servicio a otros, sin un solo pensamiento respecto a lo que puedas obtener de la vida, más feliz serás. Nunca des con una mano y quites con la otra. Cuando des algo, sea lo que sea, ofrécelo sin que quede ni rastro de apego, para que pueda usarse de un modo completamente libre. Cuando des, que tu donación sea hecha con abundancia, con libertad y de todo corazón, y después olvídate de ella. Ese principio se extiende a los regalos a todos los niveles, materiales o espirituales, tangibles o intangibles. Sé siempre generosa en tu donación, y jamás temas sufrir pérdida alguna, pues si lo haces, eso no es dar de verdad. Con la donación verdadera, no carecerás de nada.

26 Agosto

Tienes un tremendo trabajo por hacer. Es el trabajo silencioso de crear más amor en el mundo. Es como la levadura en la masa, que obra sin que se note, y sin embargo, sin ella el pan sería una masa dura. Por tanto, ama a las almas con las que te encuentras, ama a tu entorno y ama a las almas que en apariencia son tus enemigas. Hay mucha mayor gracia en amar a los aparentemente imposibles de amar que en amar tan solo a las almas que te aman a ti. Siente la necesidad de amor que tienen todas las almas, y déjate convertir en un canal para que el amor fluya satisfaciendo esa necesidad. A medida que cada individuo aprenda a amar sin buscar recompensa, el peso del mundo se aligerará, pues el amor lleva un elemento de liviandad allí donde había peso y oscuridad. El amor empieza en cada individuo, por eso mira en tu propio corazón y manifiéstalo. Ofrécelo libremente y con auténtica alegría.

27 Agosto

Da gracias por todo. Mantén tu corazón abierto de par en par y que tu sentimiento de gratitud se vierta en una corriente sin término. ¡Hay tanto que agradecer! La gratitud te mantiene los ojos abiertos a Mí y a Mis maravillas. Por eso, no te pierdes nada, y Me ves en todo lo que está ocurriendo. Sabes que hay un diseño y un plan atravesando toda tu vida; por tanto, nada es casual. Cada contacto es el apropiado, cada acto está guiado. Debes tener una fe completa para poder vivir de esa forma, fe en que tu vida está siendo guiada y dirigida por Mí. Eso quiere decir que, en primer lugar, tienes que entregarte por entero a Mí, para usarte como quiera. Tienes que aprender que solo cuando lo das todo, lo recibes todo. Solamente podrás hacerlo cuando hayas aprendido a amarme con todo tu corazón, con toda tu mente, con toda tu alma y toda tu fuerza; pues sin amor no puedes dar esos pasos, no puedes llevar esta vida. Por eso, abre tu corazón y ama.

28 Agosto

Aprender a poner lo prioritario en primer lugar es vitalmente importante, pues solo cuando lo prioritario sea puesto en primer lugar, saldrá todo a la perfección. Explora tu corazón y mira qué es lo que estás poniendo en primer lugar. ¿Eres tú misma y tu bienestar? ¿Es tu trabajo y tus circunstancias materiales? ¿Estás contenta de ir por la vida completamente ignorante de Mí, confiando en que podrás seguir igualmente sin Mi ayuda y en que no Me necesitas? Tienes la entera libertad de adoptar la actitud que desees. Nadie te detendrá. Pero debes estar dispuesta a asumir las consecuencias cuando las cosas no salgan. Recuerda, cuando sabes lo que está bien y escoges seguir tu propio camino, la responsabilidad que tienes es incluso mayor, pues ni siquiera puedes utilizar como argumento la ignorancia. Nunca te pongas la excusa de que hay tanto que hacer que no hay tiempo para que todo encaje. Te digo que cuando pones lo prioritario en primer lugar, hay tiempo para todo.

29 AGOSTO

Debes hacer tu propio trabajo en esta vida espiritual. YO ESTOY siempre aquí para ayudar a las almas que se ayudan a sí mismas, pero tú tienes que dar el primer paso. Nunca aprenderás ninguna lección si todo se te da hecho. No puedes enseñar a un niño si se lo haces todo. Tienes que dejar que haga las cosas por sí mismo. No importa que al principio sus acciones sean muy lentas o vacilantes, tienes que quedar al margen y ser muy paciente. Con mucha paciencia y con mucho amor, Yo tengo que quedar al margen y ver cómo haces tu propio trabajo y cometes errores. Pero recuerda siempre: te beneficiarás de tus propios errores; nada es en vano. En todo momento estás aprendiendo nuevas lecciones y avanzando por el camino espiritual. Cada paso, por pequeño que sea, te lleva más cerca de la meta, que es darte cuenta de tu Unidad conmigo; hasta que, con el tiempo, te des cuenta de que no hay separación y de que todo es uno, y de que tú eres parte de esa vida gloriosa y una.

30 Agosto

¿Te preguntas en ocasiones por qué estás donde estás, haciendo lo que estás haciendo? ¿Albergas alguna duda en tu mente? Busca en lo profundo de tu corazón, y responde a estas preguntas con honestidad. A continuación, si crees que todavía eres de los que dudan, toma tiempo para detenerte, para buscar iluminación desde el interior y para averiguar dónde encajas en todo el vasto conjunto. Te puedo asegurar que no es casual que estés donde estás. La vida quizá haya sido dura contigo. Tal vez hayas tenido que pasar muchas pruebas. Tal vez te hayas sumergido incluso en el temible horno. Puedes estar segura que detrás de todo ello hay una razón: que toda la escoria sea completamente consumida y no quede nada sino el oro puro -el YO SOY interno-, para que pueda obrar en y a través del YO SOY y traer Mis maravillas y glorias a la vista de todos.

31 Agosto

Para aprender las leyes de la manifestación, hay lecciones vitalmente importantes: la paciencia, la persistencia y la perseverancia. Tienes que aprender la obediencia implícita y estar dispuesta a seguir Mis instrucciones, por absurdas que parezcan. Tan solo cuando esas lecciones se han aprendido y puesto en práctica las cosas más maravillosas comienzan a ocurrir en tu vida, y empiezas en verdad a contemplar cómo se viven y se demuestran Mis leyes. Recuerda siempre: tienes que hacer algo, tienes que vivir una vida y no limitarte a pasar tu vida orando, esperando que algo ocurra. La oración es necesaria, pero no es suficiente. Tienes que aprender a llevar una vida que todos puedan ver. Hablar de la fe no basta. Tienes que vivir de modo tal que todas las almas que te rodeen puedan ver lo que significa vivir según la fe, lo que significa poner tu fe y confianza enteras en Mí, el Señor tu Dios, la divinidad en tu interior.

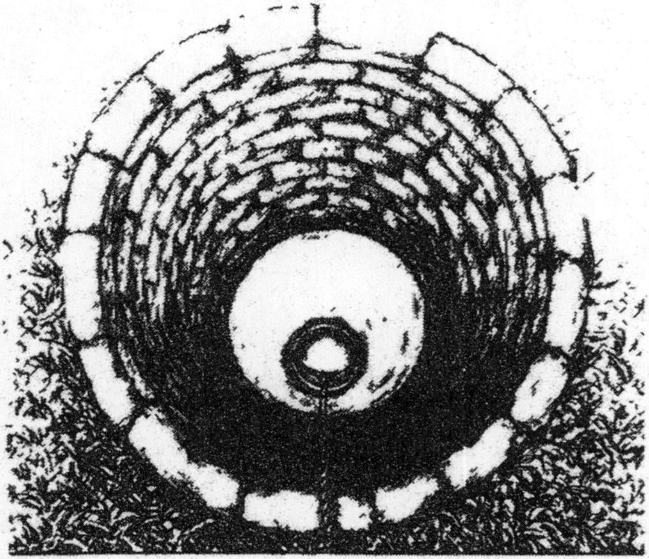

SEPTIEMBRE

Se me mostró un profundo pozo oscuro,
y en la parte superior había un cubo atado
a una cuerda. Vi como el cubo era introducido
en el pozo, y al sacarlo de la oscuridad
estaba lleno a rebosar de un agua clara y pura.
Oí estas palabras:

En lo profundo de cada alma
se encuentra la pureza del Espíritu.
Toma tiempo para buscarla
hasta que la encuentres, y a continuación, sácala.

1 Septiembre

Puedes elevarte a grandes alturas con un corazón lleno de alabanza y gratitud. Pero al igual que la pequeña alondra, tienes que elevarte desde la tierra; has de hacer ese esfuerzo especial. No es necesario que eso suponga tensión; puede ser un esfuerzo ligero, gozoso. ¿Por qué permanecer anclada, cuando la actuación por parte tuya puede hacer que cambie tu vida por completo? Ten miras altas, cuanto más mejor. Espera los acontecimientos más maravillosos, no en el futuro, sino ahora mismo. Avanza con paso firme y decidido, sabiendo con un profundo conocimiento interno que alcanzarás las metas que te propones. ¿Por qué no emprendes una acción positiva hoy? ¿Por qué no pones las ruedas en marcha? Una vez hayas cumplido tu parte, recibirás toda la ayuda que requieras, pero no antes. Ten confianza en tu habilidad para hacer todas las cosas porque estás obteniendo tu sustancia de Mí. Puedes hacer todas las cosas cuando tu fe y tu confianza están depositadas en Mí.

2 Septiembre

Cuando tu deseo sea traer paz y armonía al mundo, tendrás que encontrar paz y armonía en tu propio corazón. Supone una pérdida de tiempo hablar de paz. Tienes que buscar y encontrar esa consciencia de paz que nada ni nadie pueden perturbar, y permanecer en ella. En ese estado de conciencia serás capaz de ser efectiva y de ayudar a traer paz y armonía a las vidas de muchas personas. Hazte consciente de la paz y armonía de tu propia vida en primer lugar y, de la misma manera que una piedra arrojada al medio de un estanque, las ondas se expandirán cada vez más, tocando y cambiando la vida de muchas personas. «Según siembres, cosecharás.» Si siembras desacuerdo y desarmonía, recogerás desacuerdo y desarmonía, mientras que si siembras paz y armonía, la cosecha de paz y armonía será abundante, no solo para ti, sino para todas las almas con las que entres en contacto.

3 Septiembre

Da una y otra vez. Nunca trates de guardar nada. Haz que todo fluya libremente, tanto si se trata de talento como de amor, dinero o posesiones; que circule. Si lo haces, lo verás multiplicarse por mil. La energía vital de tu cuerpo no puede quedar retenida; ha de mantenerse en movimiento y circular, pues solo de esa manera podrá penetrar una fuerza vital mayor, más nueva, y tú podrás convertirte en un ser vital. Así es con todas las cosas: permite que se muevan y no detengas su flujo. Observa la vida desplegarse para ti con verdadera perfección. Tienes que ver cada una de tus necesidades satisfechas en el momento justo. Espera que así suceda, y nunca dejes que las dudas asalten tu conciencia. Sé positiva respecto a todo, independientemente del aspecto que adopten las condiciones externas, y siente esos pensamientos de desdicha desaparecer a medida que quedan reemplazados por otros de riqueza y de abundancia. Ten una fe absoluta de que todo está muy muy bien y de que todo está saliendo a la perfección porque está en Mis manos.

4 Septiembre

Mantén continuamente ante ti la visión de la perfección, la belleza y la armonía, y mírala en todas las personas y en todas las cosas. Que el amor que hay en tu interior se derrame como el agua y que su corriente alcance a todos por igual. No hagas discriminación en tu interior, pues todos sois Míos; todos sois una familia. El amor universal comienza en el interior de cada individuo y se expande hacia el exterior. Cuando cada uno de vosotros se dé cuenta de eso y deje que ese amor fluya libremente, sucederán grandes cambios en el mundo, porque es el amor lo que lo transmuta todo: odio, celos, envidia, crítica y codicia. Esas son las cualidades que ocasionan la guerra, la destrucción y la muerte. El amor crea vida, vida eterna, abundante. El amor trae consigo paz, dicha, felicidad y contento auténticos y duraderos. Por encima de todo, trae unidad. Por eso, si has vagado por caminos y senderos desviados y has perdido tu norte, vuelve al sendero del amor que conduce directamente hasta Mí, y allí Me encontrarás esperándote en lo hondo de tu ser.

5 Septiembre

Cuando escojas hacer Mi voluntad y andar por Mis caminos, habrás de hacerlo de todo corazón, con todo lo que eso suponga. Tendrás que estar a las duras y a las maduras si quieres aprender esa lección vital de obediencia instantánea a Mi voluntad. Solo cuando lo des todo, lo recibirás todo. En esta vida espiritual no puedes coger las cerezas y dejarte el pastel; o todo o nada. A muchas almas les gusta seleccionar las partes de esta vida que les resultan más atractivas, pero ignoran aquellas que no parecen satisfacer sus deseos más bajos. Eso no es llevar una vida espiritual; eso es coger y tomar lo que uno quiere, no lo que se requiere de uno. No puedes esperar que las cosas salgan bien si esa es tu actitud. Necesito tu completa sumisión y dedicación antes de poder obrar maravillas y milagros en ti y a través de ti. Ahora que ya lo sabes, ¿por qué no haces algo al respecto?

6 Septiembre

Vive un día cada vez. No intentes apresurarte, haciendo planes para mañana, porque el mañana quizá no llegue nunca. Disfruta al máximo del día de hoy; disfrútalo como si se tratara del último día. Haz todas las cosas maravillosas que anhelabas, no de una forma imprudente o descuidada, sino con verdadero gozo. Hazte como un niño pequeño que no alberga preocupación hacia el mañana y que ha olvidado lo que pasó ayer; tan solo vive como si el único tiempo presente fuera ahora. Ahora es el momento más emocionante que hayas conocido jamás, así que no te pierdas ni un solo segundo. Vive muy despierta, como de puntillas, lista para lo que pudiera pasar en cualquier momento. Si vives así, estás preparada y abierta ante cualquier cosa que pueda tener lugar. Vendrán cambios y vendrán muy deprisa. Levanta tu corazón con profunda gratitud a medida que venga uno tras otro. Mira siempre lo mejor en cada cambio que ocurra.

7 Septiembre

La próxima vez que tengas que enfrentarte a un trabajo que no te atraiga, toma tiempo antes siquiera de empezarlo para cambiar por entero tu actitud hacia él. Considera que estás haciéndolo por Mí, y si tu amor por Mí es como debiera, encontrarás un auténtico gozo y delicia en hacer lo que sea a la perfección. Es más, encontrarás que tienes mucho tiempo para hacer lo que hay que hacer. No pierdas el tiempo persuadiéndote de que no tienes tiempo y de que estás demasiado ocupada. Sencillamente, sigue adelante y haz lo que tengas que hacer. Que tu vida discurra con suavidad y de forma pacífica sin sensación de precipitación. Cuando empieces el día de forma correcta, con un corazón lleno de amor y gratitud y con una sensación de expectación ante un día maravilloso en el que todo va a encajar a la perfección, lo atraerás hacia ti.

8 Septiembre

Déjame obrar en ti y a través de ti. Deja que Mi amor y Mi luz fluyan libremente en ti y, a través de ti, en el mundo. Date cuenta de que así es como era en un principio, cuando andábamos y hablábamos juntos; date cuenta de que has recorrido un ciclo completo y una vez más has regresado y te has hecho una conmigo, el Amado. No sueñes con ello; tan solo has de saber que es así ahora y que ya no hay separación. Ya no has de vagar más por el desierto perdida y sola, sin saber qué camino tomar. Date cuenta de que cada uno de tus pasos está guiado y dirigido por Mí, y en la medida en que te hagas cada vez más consciente de Mí, de Mi divina presencia, ya no podrás perder tu camino nunca jamás. Por eso, da eternas gracias y que tu corazón esté tan lleno de gozo y gratitud que puedas expresarlo en todo momento, y que cada aliento tuyo diga: «Gracias, Amado».

9 Septiembre

Si un alma intenta obtener cuanto pueda de la vida sin dar, no será capaz de encontrar auténtica y duradera felicidad y júbilo, pues lo que proporciona una profunda alegría y contento internos es pensar y vivir para los demás. Nadie puede vivir para sí y ser feliz. Siempre que te encuentres con una sensación de descontento e insatisfacción en la vida, puedes estar segura de que eso se debe a que has dejado de pensar en otras personas y te has quedado demasiado enredada en ti misma. El modo de cambiar es empezar a pensar en alguien más y en hacer algo por los demás hasta que el yo quede totalmente olvidado. Hay tantas almas necesitadas que siempre hay algo que puedes hacer por alguno de tus semejantes. Así que, ¿por qué no abres tus ojos y tu corazón, y dejas que la luz te muestre el camino y que el amor guíe tus actos? Que mi amor te llene y te envuelva, y queda en perfecta paz.

10 Septiembre

Al plantar una semilla en la tierra, quizá tenga el aspecto de cualquier otra semilla, marrón, seca, sin aparente fuerza vital en su interior. Sin embargo, la pones en la tierra con confianza, y en su momento empieza a crecer. Al crecer, solo ella sabe en qué se va a convertir. Tú únicamente sabes lo que has plantado por la etiqueta del sobre, pero tienes confianza en que esa planta concreta, crecerá a partir de esa semilla concreta, y así ocurre. Al plantar las ideas y pensamientos rectos en tu mente, debes hacerlo con completa confianza, sabiendo que únicamente lo perfecto brotará de esas ideas y pensamientos. A medida que tu fe y confianza se hagan fuertes e inquebrantables, esos pensamientos e ideas constructivas comenzarán a crecer y a desarrollarse. De esa forma, puedes llevar a cabo cualquier cosa. Es esa energía interna en el interior de cada uno lo que obra en vosotros. Es el YO SOY dentro de vosotros.

11 Septiembre

Hasta que no comiences a poner en práctica lo que estás aprendiendo, no sabrás si funciona para ti o no. Quizá les funcione a otros, pero ¿y a ti? Recuerda, no puedes ponerte a la sombra de las profundas experiencias espirituales de los demás. Puede resultar de ayuda leer respecto a ellas, aprender de ellas, e incluso oír hablar de ellas y comentarlas. Pero depende de ti vivirlas y practicarlas en tu propia vida si deseas vivir según el Espíritu, si quieres vivir según la fe. Nadie puede hacer que sigas esta vida. Todas las almas son absolutamente libres de hacer su propia elección. ¿Qué has elegido hacer? ¿Sentarte y dedicar el resto de tu vida a escuchar acerca de las experiencias de otras personas? ¿O vas a empezar aquí y ahora mismo a llevar una vida completamente dedicada a Mí, poniendo en práctica esas lecciones maravillosas que has estado aprendiendo, y viendo cómo de verdad funcionan?

12 Septiembre

Muchas almas encuentran muy difícil aceptar su relación de amor con todos los seres humanos. Esta separación es la causa de todo el problema que aqueja al mundo, la causa de todas las luchas y de las guerras. El lugar en el que hay que empezar a corregir las cosas reside en ti misma y en tus propias relaciones personales con todas aquellas almas con las que entras en contacto. Deja de señalar con el dedo y de criticar a las almas con las que no te llevas bien en el mundo. Pon tu propia casa en orden. Tienes más que suficiente con enfrentarte a ti misma, sin necesidad de hacer pedazos a tus semejantes, señalando todas sus faltas y defectos e indicando dónde se han equivocado. Cuando estés dispuesta a enfrentarte contigo misma y a poner todas las cosas en orden en tu interior, entonces serás capaz de ayudar a tus semejantes sencillamente mediante tu ejemplo, no mediante la crítica, la intolerancia o por medio de muchas palabras. Ama a tus semejantes como Yo te amo. Ofréceles tu ayuda, tu bendición, tu ánimo, y mira lo mejor en ellos.

13 Septiembre

Has de saber con una certidumbre interna que Yo nunca te doy más carga de la que eres capaz de soportar, y que nunca tienes la necesidad de llevarla sola, pues YO ESTOY contigo siempre. Por tanto, hagamos todas las cosas juntos. Cuando te des plena cuenta de esa ayuda, ya no volverás a sentirte sobrecargada con el peso de tus responsabilidades, por muy grandes que sean. Necesito almas que estén dispuestas a asumir responsabilidades sin eludirlas, pues he de obrar en y a través de las almas dedicadas y dispuestas a olvidar el yo por completo en Mi servicio y en el servicio a sus semejantes. ¿Estás dispuesta a hacerlo? Esta vida pide una absoluta consistencia y dedicación. ¿Eres consistente en tu trabajo para Mí? ¿Dedicas cada uno de tus días a Mi servicio? ¿Eres obediente a Mi más ligera insinuación? Seguramente, a estas alturas ya te das cuenta de que todas las cosas obran al unísono para bien solo cuando Me amas de verdad y Me pones en primer lugar en todo.

14 Septiembre

Procura que haya equilibrio en todo. Trabaja mucho, pero también aprende a jugar mucho, y haz lo que de verdad te guste hacer, sea lo que sea. No importa que las cosas con las que disfrutas sean sencillas o extravagantes, si de verdad encuentras auténtica alegría en hacerlas. Cuando haces algo que te gusta, da igual que conlleve esfuerzo; no te sientes agotada sino vigorizada y animada. El trabajo nunca habría de ser monótono, y no lo será si tu actitud hacia el mismo es correcta y disfrutas haciendo lo que haces. Cuando haya equilibrio en tu vida, encontrarás que esta es completa, y no tendrás sobredosis ni de trabajo ni de juego. Lo uno es tan malo como lo otro. Nunca compares tus preferencias con las de nadie más; lo que a ti te gusta quizá no le atraiga a nadie más. Haz aquello con lo que disfrutas y deja que los demás hagan lo que les resulte atractivo. Vive y deja vivir.

15 Septiembre

Recuerda siempre, cuando haya algo que anheles de verdad, puedes hacer que suceda. Cuando ansíes unidad, y si deseas ser completa, eso puede ser tuyo si te vuelcas entera para que se produzca. Tu amor y tu anhelo por ser una conmigo se seguirán como el día sigue a la noche sin que nada pueda impedirlo. Es algo que ocurre en lo hondo de cada ser, y una vez la semilla de ese anhelo ha sido depositada, crecerá cada vez más. ¿Cuál es tu anhelo más profundo? ¿Quieres dármelo todo a Mí? ¿Estás dispuesta a acabar con todas esas pequeñas autoindulgencias y deseos que pueden causar separación? De ti depende tomar tu propia decisión y conocer el deseo de tu corazón. No esperes que alguna otra persona te diga cuál es. Eso es algo que tú sola tienes que hacer sin ninguna ayuda externa. YO ESTOY aquí para ayudarte. Busca Mi ayuda en todo momento.

16 Septiembre

La vida está llena a rebosar de lo nuevo, pero es necesario vaciar lo viejo para dejar sitio y que penetre lo nuevo. El proceso de vaciamiento puede ser muy doloroso, pues cuando hayas quedado vacía de lo viejo, quizá experimentes la sensación de no tener nada a lo que agarrarte y de hallarte sola y desprovista de todo. Tal vez creas que la vida es completamente inerte y vacía, sin sentido alguno; quizá te sientas movida a alzar tus manos en un gesto de desesperación. Date cuenta de que si estás pasando por esa racha, o una parecida, se trata de ese proceso de ser vaciada de lo viejo para poder ser rellenada con lo nuevo. Nunca abandones la esperanza; aférrate a ella hasta que estés completamente vacía de todo. A continuación podrás volver a empezar en la novedad del Espíritu y la verdad. Puedes convertirte en un niña pequeña y disfrutar al máximo la maravilla de esta nueva vida, a medida que te vayas llenando de ella de una forma gradual.

17 Septiembre

YO SOY Amor. Para conocerme, tienes que amar de corazón, pues sin amor no puedes conocerme. Haz que el amor continúe fluyendo libremente y aprende a amar lo que estés haciendo; ama tu entorno y a todas las almas que te rodean. Ama sin calcular el precio, sin buscar recompensa. Nunca puedes dar demasiado amor; por eso, no tengas miedo ni intentes retener el flujo del amor, aún cuando seas rechazada. Si ocurre tal cosa, lo más fácil es cerrar el corazón y retirarse por temor a ser herida. No lo hagas; eso solo te endurecerá, y en ese estado jamás podrás ayudar a otra alma, pues nadie se siente atraído hacia alguien que tiene un corazón duro y sin amor. Haz uso de la sabiduría y de la comprensión en conjunción con el amor, y de este modo siempre mantendrás el equilibrio perfecto. La lección más importante de la vida es aprender a amar. No pierdas el tiempo y aprende esa lección rápidamente.

18 Septiembre

¿Discurre tu vida con suavidad? ¿Estás contenta con lo que haces? ¿Te sientes en paz con el mundo o se encuentra tu vida llena de altibajos? ¿Te deja insatisfecha la forma en que vives o el trabajo que haces? ¿Te resulta difícil estar en armonía con las almas que te rodean? ¿Echas la culpa de tu descontento e insatisfacción a las personas con las que mantienes contacto y a tus circunstancias y situación? ¿Crees que si estuvieras en alguna otra parte, todo andaría bien y tú tendrías paz? Cuando te encuentres en perfecta paz en el interior, no importará dónde te encuentres, con quién estés o el trabajo que hagas, por muy ordinario o corriente que sea. Nada podrá perturbarte o desequilibrarte, porque tendrás un equilibrio y una armonía perfectos en tu interior. En lugar de luchar contra tus circunstancias, aprende a fluir con ellas y de ese modo encuentra esa paz y comprensión en lo hondo de tu ser.

19 Septiembre

YO SOY la fuente de toda vida. Cuando sigues Mi ritmo, todo discurre con fluidez. Muchas almas se preguntan por qué la vida está llena de altibajos o por qué muchas cosas andan mal, e inmediatamente están dispuestas a echar la culpa de eso a todas las cosas y a todas las personas, pero no a ellas. Cuando tomes tiempo para averiguar por qué no estás en armonía con la vida, comprobarás, muy a menudo, que no estás poniendo lo prioritario en primer lugar y que estás dejando de tomar tiempo para entrar en el silencio y encontrar la paz y la quietud que Yo te solicito. Eso requiere tiempo, paciencia, fe y creencia. Eso quiere decir que tienes que aprender a estar quieta. Quiero que aprendas a dar con las respuestas a tus problemas en soledad conmigo. Deseo que confíes en Mí por entero para todo, y para que te des cuenta de que tu fuerza, tu sabiduría, tu comprensión, todas ellas proceden de Mí.

20 Septiembre

Cuando creas haber llegado al fin y te parezca que no puedes avanzar un paso más, o cuando la vida te resulte carente de todo propósito, ¡qué maravillosa oportunidad de volver a empezar de nuevo! Es algo que todas las almas pueden hacer si así lo quieren y si aceptan, con toda humildad, que tan solo acaban enredando sus vidas cuando intentan manejarlas por sí mismas. Es algo que pueden hacer si están dispuestas a depositar sus vidas ante Mí y a dejar que Yo las conduzca. Da continuas gracias por este nuevo día y por una nueva vía, por una oportunidad nueva de comenzar otra vez. Date cuenta de que te necesito, y cuando estás en un estado negativo, te cierras a Mí. Llámame y te responderé. Estaré contigo en la dificultad. Te levantaré, pondré tus pies en el camino recto y guiaré cada uno de tus pasos. YO ESTOY contigo siempre.

21 Septiembre

Mi plan para Ti es perfecto y encajará en el tiempo justo. Nunca intentes apresurar nada; mira, sin embargo, cómo surge y se desarrolla. Si la vida parece transcurrir con mucha lentitud, no te impacientes. Aprende a esperar en Mí con absoluta fe y confianza, sabiendo que en el momento justo sucederán todas las cosas, porque ciertamente hay un tiempo y una estación para cada cosa. Recuerda, tú no puedes cambiar las estaciones del año; tú no puedes cambiar el movimiento de los cielos ni el de las mareas. El universo está en Mis manos y nadie puede causarle daño alguno. Ve adelante con fe y confianza completas, dejando que se desarrollen Mis maravillas y Mis glorias. No temas nada; ten, antes bien, fuerza y valentía. Cuando estés en perfecta paz en tu interior, podrás soportar el estrés y las presiones externas. Así pues, deja que Mi paz y Mi amor te llenen y te rodeen, y permanece en paz perfecta al hacer Mi voluntad.

22 Septiembre

No pierdas el tiempo con pensamientos y cháchara vanos. Usa cada momento del tiempo con palabras y pensamientos de amor, positivos y constructivos. Date cuenta que los pensamientos que proyectas pueden ayudar u obstaculizar; por tanto, sé dueña de tus palabras y pensamientos y no su esclava. ¿Por qué no gozar de la vida al máximo? Solo puedes hacerlo cuando das lo mejor de ti en tiempo, palabras y hechos. Abre tus ojos y tu corazón, y mira y siente lo mejor en todas las cosas y en todas las personas que te rodean. Si tienes alguna dificultad en encontrar lo mejor, sencillamente continúa buscando hasta encontrarlo; está ahí esperándote. Hay muchas cosas maravillosas en el mundo. ¿Por qué no tomas tiempo para concentrarte en ellas y llenar tu vida con ellas, y hacer así que las cosas desagradables, tristes y discordantes no encuentren lugar en tu vida? La vida es lo que haces de ella. ¿Qué estás haciendo de la tuya?

23 Septiembre

No puedes jugar al tenis quedándote plantada con una raqueta y una pelota en tus manos. Tienes que levantar la raqueta y golpear la pelota hasta que pase la red. Tienes que entrar en acción. Así también con la fe. Tienes que hacer algo para demostrarte a ti misma que funciona y que vives según ella. Cuanto más lo intentes y te des cuenta de que funciona, más confianza ganarás hasta que estés dispuesta a dar cualquier paso con fe, sin vacilación, al saber que lo estamos dando juntos, y cualquier cosa es posible cuando estés dispuesta a obrar así. Tienes que tener fe en tu capacidad de nadar antes de sumergirte en aguas profundas con completa confianza; de otro modo te ahogarías. Tienes que tener fe en tu capacidad de vivir según la fe antes de poder hacerlo. La fe engendra fe. ¿Cómo puedes saber si puedes confiar en Mí si no lo intentas y compruebas si es así?

24 Septiembre

Estos son tiempos cruciales y cada alma es necesaria en su lugar justo. Es como cuando se recompone un vasto rompecabezas: hay un lugar para cada pieza. ¿Estás en tu lugar justo? Solo tú lo sabrás. ¿Sientes que encajas a la perfección en el conjunto y que no creas ninguna nota desapacible o discordante? La paz, la armonía y la tranquilidad deben hallarse en tu interior para estabilizarte y ponerte en consonancia con todo lo que está a punto de ocurrir. Por tanto, es necesario permanecer muy queda y encontrar esa paz interior para que nada ni nadie puedan perturbarla. Sé como un ancla, firme y segura, de modo que ninguna tormenta pueda afectarte o desplazarte de tu lugar justo. Ten firmeza, pues has de saber que todo está muy muy bien y que todo está sucediendo según Mi plan perfecto. Que tu corazón no entre en conflicto; deposita toda tu confianza, tu fe y tu seguridad en Mí.

25 Septiembre

En la medida en que aprendas a dar, recibirás. Abre tu corazón y da todos los dones que te han sido dados a ti. Da tu amor, tu sabiduría, tu comprensión. Da lo intangible así como lo tangible. De hecho, da y sigue dando cada vez más sin pensamiento alguno del yo, sin pensamiento alguno del coste o del beneficio. Tu donación ha de ser gozosa y de todo corazón; verás, entonces, que el mismo acto de dar te trae un gozo y felicidad indecibles. Todas las almas tienen algo que dar, así pues, averigua que es lo que tienes que dar tú, y dalo. Nunca olvides que hay muchos niveles en los que se puede dar. No te limites a dar lo que resulta fácil, sino hazlo aunque duela, y crece y expándete al hacerlo, pues tan solo lo mejor podrá resultar de tu donación.

26 Septiembre

Relájate al saber que hay tiempo para todo. Todo el mundo dispone de la misma cantidad de tiempo, pero lo que importa es el uso que se le dé. ¿Lo usas al máximo y disfrutas cada momento, o lo disipas olvidando poner lo prioritario en primer lugar? Deja de ser una esclava del tiempo. ¿Por qué, en lugar de eso, no hacer que él te sirva a ti? Así nunca te gobernará, sino que tú lo gobernarás. Acepta que tan solo puedes hacer una cosa cada vez, hazla a la perfección y después continúa con la siguiente. Nunca intentes anticipar demasiado. Tan solo puedes vivir un momento cada vez. Si intentas planificar con mucha antelación, quizá te sientas decepcionada cuando las cosas no resulten tal y como habías planeado. Pueden suceder muchos cambios y al planificar tú no puedes contar con ellos. Lo mejor es vivir plenamente el momento y dejar que el futuro cuide de sí.

27 Septiembre

Nunca pierdas tiempo ni energía pensando que te gustaría estar en otra parte, haciendo algo distinto. Acepta tu situación y date cuenta de que estás donde estás, haciendo lo que estás haciendo, por una razón muy específica. Date cuenta de que nada es por casualidad, de que tienes ciertas lecciones que aprender y de que la situación en la que te encuentras se te ha dado para permitirte aprender esas lecciones de la forma más rápida posible, para que puedas proseguir adelante en este camino espiritual. Sin duda, no querrás quedarte atrapada en un carril, por muy seguro que este te resulte. Piensa lo aburrida y poco interesante que sería la vida si esa fuera tu elección. La vida está llena de emoción y de un sentido de expectativa siempre que estés dispuesta a avanzar sin temor a lo desconocido y a dar el siguiente paso con absoluta fe y confianza conmigo como tu guía y compañero. No temas, YO ESTOY contigo siempre.

28 Septiembre

Recuerda siempre que puedes hacer algo respecto a la situación del mundo mediante un cambio completo de corazón, mente y espíritu. Cuando te des cuenta de eso, cuando asumas tus responsabilidades y hagas algo al respecto, los cambios se producirán; al principio de forma muy pequeña, si bien después se extenderán hasta incluirlo todo. Considera lo maravilloso, lo estimulante que es saber que puedes hacer algo para rectificar el estado del mundo cambiando desde dentro, y reflejando de esa manera esos cambios en el exterior. Benditos los que están dispuestos y abiertos, los que ven la necesidad de cambiar y hacen algo a ese respecto; pues ellos son como la levadura en la masa que permite que el pan crezca. Sin la levadura la masa no crecería. Sin cambio todo permanecería estático, se quedaría estancado y moriría. Así pues, expándete con auténtico gozo y gratitud, y da gracias por poder hacerlo; y entra en acción ahora.

29 Septiembre

Muchas veces has oído estas palabras: «La vida es lo que haces de ella», pero ¿qué has hecho tú a ese respecto? ¿Te das cuenta de que controlas tu vida, tu felicidad, tu éxito, tus gozos y tus penas? La vida puede ser maravillosa, emocionante y gloriosa, sin embargo, depende de ti que así sea al esperar lo mejor. Vive un día cada vez y vívelo plenamente. Nunca pierdas el tiempo preocupándote por lo que el mañana pueda traer, ni te permitas sentirte deprimida al tener la impresión de que no puedes afrontar alguna cosa. Mira siempre la cara luminosa de la vida y concéntrate en ella, en el ahora sempiterno. El hecho de que ayer no transcurriera con fluidez no quiere decir que hoy haya de ser igual. Deja atrás el ayer; aprende de él, no obstante, no consientas que estropee el día de hoy. El día de hoy está ante ti, intocado e inmaculado. ¿Qué vas a hacer con él?

30 Septiembre

Es importante tener una meta en la vida y continuar dirigiéndose hacia ella. Hay un plan y un propósito reales en tu vida, aunque no siempre seas capaz de ver la meta con claridad, pues cuando bajas por un valle o el camino hace revueltas, no siempre se puede ver el siguiente tramo. Comprobarás que, de tanto en tanto, se te dará una experiencia espiritual estimulante que llevarás contigo a través de los lugares más difíciles, y que te ayudará a seguir, te enfrentes a lo que te enfrentes. Aspira alto, cuanto más alto mejor. De esa forma tendrás que continuar caminando, creciendo y expandiéndote para llegar allí. No puedes quedarte sentada sintiéndote satisfecha contigo misma; no puedes permanecer estática. Siempre has de aspirar al siguiente peldaño en la escalera de la vida, y sabes que ese peldaño te aproxima a la meta, por muy lejos que esta se encuentre. Así pues, continúa adelante, y nunca te rindas.

OCTUBRE

Se me mostraron hojas de otoño
cayendo de un árbol, y a continuación vi
un árbol desnudo y sin una sola hoja.
Oí estas palabras:

No te preocupes. La fuerza vital
está en el interior, y a partir de ella
brotará lo nuevo. Has de saber que lo viejo
ha de morir para que nazca lo nuevo.

1 Octubre

Aprende a ser una persona verdaderamente optimista y espera lo mejor de todo lo que acometas. Has de saber que puedes hacerlo, que lo harás a la perfección, y que no habrá dejadez alguna en tu trabajo o en tu vida. Simplemente ofréndamelo y hazlo para Mi gloria, y con toda seguridad lo harás todo con amor y, por tanto, con auténtica perfección. Ese principio también se aplica a tu actitud y a tu comportamiento. Cuando lo hagas todo por Mí y cuando tu mayor deseo sea hacer Mi voluntad porque Me amas, todo lo querrás hacer bien. Siempre querrás tener la mejor actitud y dar lo mejor de ti, y nunca te sentirás satisfecha con menos. Es necesario, de tanto en tanto, tomarse un tiempo para ver dónde se necesita cambiar, y disponerse a hacerlo. Aprende a cambiar y hazlo rápidamente, pues has de saber que cada cambio en verdad habrá de traer lo mejor.

2 Octubre

Todas las almas tienen algo que compartir. Hay dones y posesiones en niveles muy diferentes. Quizá no tengas dones materiales, pero puedes estar segura de tener dones de otra clase. No los guardes para el yo; disponte, antes bien, a dejarlos al descubierto y a usarlos como es debido, nunca para la glorificación del yo sino siempre para Mi honor y Mi gloria. En lugar de poseer nada, utiliza y disfruta de todo lo que tengas al máximo. ¿Qué tienes para dar? Toma tiempo para averiguarlo, si es que no lo sabes. Da de todo corazón y da con gozo, y agradece tener algo que dar, sea lo que sea. Si has escogido seguir esta forma de vida totalmente dedicada a Mí y a Mi trabajo, ya no puedes quedar aferrada a nada. Date cuenta de que todo lo que tienes es Mío, y por tanto está para ser compartido por todos.

3 Octubre

Tienes una gran responsabilidad en tus manos, ya que derramo sobre ti todos Mis dones buenos y perfectos. Tus pies han sido puestos en el sendero que conduce a la Nueva Era, y todo el tiempo estás adentrándote cada vez más en ella, pasando a ser parte de ella. Ya no puedes poner excusas si dejas de hacer lo que debieras, diciendo que no sabías o que no te diste cuenta, pues eres responsable de cada uno de tus actos. Sabes cómo controlar tus pensamientos y tus actos; por tanto, hazlo. Nunca intentes refugiarte en la ignorancia, pues has de saber que en tu interior guardas todo el conocimiento, toda la sabiduría y toda la comprensión; es tan solo cuestión de hacer que afloren a partir de ese suministro sin límites. Da eternas gracias por conocer la verdad y por qué es la verdad la que te posibilita hacer lo que se pide de ti. Queda en perfecta paz.

4 Octubre

¿Cómo esperas vivir una vida espiritual profunda si no estás dispuesta a hacer un esfuerzo para que así sea? No puedes vivir de las experiencias, las glorias y los triunfos de otras almas, de la unidad de otras almas conmigo. Es algo que has de buscar y encontrar por ti misma. Empieza ahora mismo a pensar por ti misma y a mantenerte sobre tus propios pies, y deja de apoyarte en nadie más. Cuando una persona ha usado muletas durante un tiempo, a menos que esté dispuesta a dejarlas de lado y hacer el esfuerzo de caminar sin ellas, irá por la vida dependiendo de ese apoyo y perderá el uso de sus piernas. Por eso es de una importancia vital que te mantengas sobre tus propios pies, espiritualmente, y que recibas tu inspiración desde dentro y no desde fuera. Cada persona la recibirá de un modo distinto. No hay un patrón fijo. Averigua tu forma y comienza a vivirla ahora.

5 Octubre

¿Qué estás haciendo con tu vida? ¿Estás contenta de dejarte llevar por la vida, haciendo lo que quieres, viviendo como quieres, sin pensar en nadie más? Eres libre de hacerlo. Muchas, muchísimas almas viven de esa manera y se preguntan por qué no son felices y están descontentas. Solo cuando aprendas a olvidarte del yo y a vivir para otros, encontrarás auténtica paz de corazón y contento verdadero. YO ESTOY aquí para mostrarte el camino, pero tienes que seguirlo. Nadie más puede hacerlo por ti; nadie más puede vivir tu vida por ti. Aprende a dar y no tan solo a tomar todo el tiempo. ¿Por qué no dar en un nivel y recibir en otro? La vida es algo de dos direcciones, un constante dar y recibir. No puedes vivir para ti misma y encontrar auténtica felicidad y satisfacción en la vida. Vive para todos, da a todos y sé completa.

6 Octubre

Puedes hacer que este día sea lo que desees de él. Desde el mismo momento en que te levantas por la mañana puedes decidir qué clase de día va a ser para ti. Puede ser el día más maravilloso e inspirador que pudieras imaginar, pero depende de ti. Eres libre de elegir. ¿Por qué no, pues, empezar dando gracias para abrir el corazón? Cuanto más agradecida te muestres, más abierta estarás a todos los sucesos maravillosos que pueda traer el día. El amor, la alabanza y la gratitud abren de par en par los portones y dejan pasar la luz mostrando lo mejor de la vida. Ten determinación para ser positiva hoy en un grado superlativo, para esperar lo mejor y atraerlo hacia ti. Ten absoluta fe y confianza de que puedes hacerlo y de que lo vas a hacer. No albergues dudas respecto a tu capacidad de hacerlo. Has de saber simplemente que conmigo todas las cosas son posibles y que todo lo estás haciendo conmigo.

7 Octubre

¿Anhelas hacer Mi voluntad o tienes miedo de que el coste sea demasiado grande? Recuerda, Yo lo pido todo; por tanto, no es posible guardarse nada. Solo cuando lo des todo, y si lo das libremente y con amor, se te devolverá todo. ¿Te parece un sacrificio demasiado grande? Cuando se da algo con amor, no puede ni cuestionarse que sea un sacrificio, sino que es, por el contrario, una dicha, un gozo y un placer verdaderos. ¿Por qué dudas? Cuando todo se da libremente y no posees nada, todo es tuyo. No tienes nada que perder, pero sí puedes ganarlo todo, y el mundo entero queda a tus pies. Sabes que todo lo que tienes procede de Mí, la fuente de todo, y que cada cosa está a punto para disponer de ella a medida que surjan las necesidades. Por tanto, puedes obtener de Mi almacén riquezas abundantes, sin límites y al alcance de la mano de las almas que Me aman y Me ponen en primer lugar en todas las cosas.

8 Octubre

Que tu ojo sea simple, y considérate completa, perfecta y hecha a Mi imagen y semejanza. Nunca te subestimes ni pienses lo peor de ti misma. Eleva tu pensamiento y sé muy positiva respecto a ti misma. Si has cometido errores, aprende a perdonarte y a continuación avanza hacia adelante y hacia lo alto. No necesito que te flageles ni que vayas por ahí autocompadeciéndote. ¿No te das cuenta de que al hacer eso te cierras a Mí y no puedo usarte? Mantente abierta; aprende de tus errores. Olvida el yo completamente en el amor y el servicio a tus semejantes. En cuanto te pones a pensar en otros, el yo queda olvidado. El servicio es un gran sanador, un enorme renovador de equilibrio y estabilidad. Así pues, averigua qué es lo mejor de ti, qué es lo que sabes hacer bien; cuando sepas de qué se trata, ve adelante y ofrécelo de todo corazón. Continúa adelante y nunca retrocedas.

9 OCTUBRE

Todas las almas anhelan lo mejor en la vida. Lo mejor está ahí aguardándote para cuando estés dispuesta a aceptarlo. Pero debes estar dispuesta a aceptarlo de todo corazón, con auténtico gozo y sin sensación alguna de que eres indigna o de que no estás preparada para ello. Si esa es tu actitud, bloqueas lo que es tu auténtica herencia y no puede fluir para ti. Por tanto, asegúrate de que no haya nada en ti que lo impida. YO ESTOY ofreciendo vida, vida más abundante. YO ESTOY ofreciendo belleza, armonía, paz, amor. Los caminos del Espíritu son tuyos. Anda por esos caminos, vive en perfecta armonía con Mis leyes y observa cómo encaja todo con auténtica perfección. Que no haya estrés o esfuerzo en ti. Sencillamente, acepta lo que es tuyo con un corazón pleno y agradecido, y nunca te olvides de expresar tu amor y tu aprecio por todo lo que se está derramando sobre ti.

10 Octubre

Lo que está EN lo profundo de tu ser se refleja en el exterior. Cuando haya orden, armonía, belleza y paz en tu interior, eso se reflejará en todo lo que hagas, digas y pienses. Mientras que si hay confusión, desorden y desarmonía en tu interior, no podrá quedar oculto sino que se reflejará en tu forma entera de vida. Cuando venga un cambio, habrá de comenzar dentro de ti y abrirse paso hacia el exterior. Entonces será duradero, y nada será capaz de desequilibrarlo. No te quedes sentada esperando que cambie tu vida; entra en acción y haz algo al respecto. Puedes empezar ahora mismo actuando sobre tu propio estado interno. No tienes que esperar a que cambie alguna otra persona; puedes experimentar tu propio cambio sin necesidad de retrasarlo más. Da constantes gracias por ser capaz de hacer algo al respecto sin mayores obstáculos. Si hay obstáculos, se encuentran en tu interior; por lo tanto, tú eres la que puedes hacer algo respecto a ellos.

11 Octubre

El fruto del Espíritu es alegría, por tanto deja que haya más gozo, más diversión y risa en tu vida. Es muy importante que haya equilibrio y moderación en todas las cosas para poder disfrutar de la vida al máximo. Tal vez te guste el trabajo que estás haciendo y consideres que no necesitas un cambio. De tanto en tanto, es necesario romper con eso y hacer algo totalmente diferente para cambiar el ritmo de vida. Comprobarás que, una vez lo hayas hecho, podrás volver al trabajo que tengas que hacer completamente refrescada, y serás capaz de hacerlo con un ánimo y un gusto nuevos. La vida nunca debiera ser una carga. No estás aquí para dejarte hundir por el peso del mundo. Estás aquí para disfrutar al máximo de la vida y para gozar cada momento, porque al vivir una vida equilibrada hay un constante dar y recibir.

12 Octubre

¿Puedes amar de verdad cuando te sientes acosada por pruebas y dificultades, y cuando parece que todas las cosas y personas están en contra tuya? Resulta bastante fácil amar cuando todo va bien, pero nos sentimos inclinados a cerrar el corazón y a detener el flujo del amor cuando todo parece ir en contra; y sin embargo, ese es el momento en que más se necesita amar. Cuando eres capaz de amar a pesar de todas las condiciones externas, puedes estar segura de que se trata de Mi amor divino que fluye en ti y a través de ti, y de que ese amor maravilloso vencerá por completo al final. El amor nunca se rinde; lo intenta una y otra vez hasta vencer por completo. El amor es suave a la vez que fuerte y persistente. Al igual que el agua, se abre paso incluso a través de los corazones más duros. Por eso, nunca aceptes un «no» por respuesta. Ama y sigue amando, y contempla cómo se abre camino.

13 Octubre

Da eternas gracias por todos Mis dones buenos y perfectos que derramo sobre ti. Date cuenta de que siempre tienes lo que necesitas cuando lo necesitas. Conozco todas tus necesidades incluso antes de que me pidas por ellas. Eres una administradora de todo lo que te ofrezco; has de ser, por tanto, una buena administradora. Nunca intentes poseer nada; utilízalo todo, empero, con gran sabiduría y comprensión. Todo lo que tienes te lo he dado para que lo utilices al máximo mientras estés en este plano terrenal. ¿Por qué no disfrutar de ello y agradecerlo sin intentar aferrarte a nada? Se te ha dado libremente; también tú ofrécelo libremente a las almas que te rodean. Comparte lo que tienes, y deja de ese modo lugar para que se te pueda dar cada vez más. Has de saber que todas y cada una de tus necesidades están siendo satisfechas de un modo maravilloso en la medida en que vives según Mis leyes.

14 Octubre

La seriedad es el corazón de la responsabilidad. Eso significa estar siempre en el lugar preciso, en el momento justo, haciendo lo que sabes que has de hacer. No dejar nunca para mañana lo que sabes que tienes que hacer hoy. Al iniciar alguna cosa, asegurarte de llevarla a buen término, pese a las oposiciones que puedas encontrar. No dejarte desalentar por los obstáculos, sino considerarlos ocasiones de crecimiento y retos a superar. Ser firme como una roca porque tu seguridad y tu estabilidad residen en tu interior, y no te afectan las condiciones externas, ni el caos y la confusión que te rodean. Pase lo que pase, no sentirse exaltada un día y hundida al siguiente. Eso es lo que significa ser una persona de absoluta fiabilidad y seriedad; eso es lo que quiere decir ser fuerte y de ánimo valeroso. A medida que asumas cada vez mayores responsabilidades con seriedad, te harás cada vez más fuerte, hasta que nada te suponga demasiado.

15 Octubre

Vive y trabaja, pero no te olvides de jugar, de divertirte y de pasártelo bien en la vida. Necesitas equilibrio en todo. Demasiado trabajo sin diversión hace que la vida resulte desproporcionada, y te convierte en una persona aburrida y poco interesante. Busca un equilibrio perfecto en todo lo que hagas, y encontrarás que la vida es una verdadera delicia. Necesitas variedad en la vida, ¿por qué, pues, no detenerse e intentar algo nuevo y diferente, no a causa de que te aburra lo que haces o como una forma de escape, sino porque te das cuenta de que necesitas un cambio? Cuando puedas hacerlo sin sentido alguno de culpa, encontrarás que serás capaz de hacer todo lo que tienes que hacer con una actitud nueva; y, lo que es más, serás capaz de hacerlo disfrutándolo de verdad. ¿Qué sentido tendría la vida si no puedes gozarla y pasarlo bien con todo lo que emprendas, llamémosle juego o trabajo?

16 Octubre

Que tu amor y tu compasión se extiendan sobre todos; no tan solo sobre las almas que te aman, sino también sobre las que te odian y las que te utilizan con desprecio. A medida que eleves tu conciencia y te mantengas en ese estado elevado, serás capaz de verlo todo desde una perspectiva diferente, y verás que no tienes enemigos. Por eso, no endurezcas tu corazón disponiéndote a contestar cuando la vida parezca alzarse en contra tuya. Únicamente has de saber y aceptar que YO ESTOY contigo, que YO ESTOY guiándote y dirigiéndote y que todo está muy muy bien. A continuación, relájate y mira, simplemente, surgir lo mejor de cada situación. Solamente cuando estás dispuesta a hacerlo puedes ver manifestarse Mis glorias y Mis maravillas, y sabes, sin sombra de duda, que con tus propias fuerzas tú no podrías llevar a cabo tales maravillas. Por lo tanto, levanta tu corazón y dame el honor y la gloria.

17 Octubre

Todas las cosas forman parte de una totalidad perfecta; y todo lo que haces, dices, piensas y sientes es parte de la misma. Por lo tanto, no te limites a ti misma bajo ningún concepto sino, antes bien, siéntete expandirte cada vez más, abarcando cada vez más. Nunca alcanzarás el límite porque no hay límite. La vida es infinita y tú eres parte de esa infinitud. Continúa creciendo en conciencia. ¿Dónde está ese espíritu de aventura interno que te permite dar un salto sin temor a lo desconocido, con una sensación de auténtico gozo y expectación? Ir por ahí del mismo modo siempre, atada a las viejas formas un día tras otro, no te llevará a ninguna parte, y así no puedes esperar crecer espiritualmente. Tienes que querer avanzar, y cuando quieras hacerlo por propia decisión, recibirás ayuda por todas partes. El primer paso siempre está de tu parte. Así que no pierdas más el tiempo quedándote estancada; da el primer paso hacia adelante y contempla cómo se sucede milagro tras milagro en tu vida.

18 Octubre

YO SOY tu fuerza y tu refugio, una ayuda muy presente en tiempos de desánimo y de dificultad. Aprende a llamarme, a apoyarte en Mí, a beber de Mi fuente, a poner tu fe y confianza enteras en Mí, y en la medida en que lo hagas verás cómo cada problema y cada dificultad se disuelven en la nada. Existe la respuesta perfecta para cada problema. Búscala y la encontrarás. No pierdas el tiempo sumida en tus problemas y autocompadeciéndote; elévate por encima de ellos. Agradece que la respuesta esté cerca si expandes tu conciencia y tienes fe en que está esperando a que la pongas en acción cuando aquietes tu mente. «Queda transformada por la renovación de tu mente.» Puedes resolver cada problema simplemente sabiendo que la respuesta está ahí, si puedes quedarte quieta y tomar tiempo para buscar y encontrar. Deja de dar vueltas sin ir a ninguna parte. Llámame.

19 Octubre

Si has perdido tu camino, la forma más rápida y más fácil de volver a encontrarlo es quedarte quieta, y buscar la dirección en la paz y en la quietud. ¿Estás dispuesta a tomar tiempo para quedarte quieta y buscar en tu interior, o crees que es una pérdida de tiempo y que has de seguir y hacer lo que tienes que hacer? Todas las almas necesitáis dirección, pues sin ella podríais, en verdad, perderos completamente en el laberinto de la vida. ¿Por qué no empleas, pues, un poco de tiempo cada día en soledad conmigo para decidir adónde te diriges? Cuando aprendas a hacerlo, encontrarás la profunda necesidad interna de esta comunión y anhelarás estar cada vez más conmigo en ese estado de conciencia. Por lo tanto, mantente alerta y responde a esas profundas aspiraciones de tu interior; no las dejes a un lado con impaciencia, creyendo que no hay tiempo. Te digo que hay tiempo para todo.

20 Octubre

¿Acaso tú no eres parte de la totalidad? ¿Por qué, pues, habrías de separarte viviendo una vida desordenada, caótica? En la medida en que llenas tu mente de pensamientos de belleza, y si dices y haces cosas bellas, te haces una con la hermosa totalidad que es Mi universo, y todo encaja a la perfección. En la medida en que cada individuo busque y encuentre esa paz y armonía internas, la paz y la armonía reinarán en el mundo. En alguna parte ha de empezar, ¿por qué no dejar, pues, que empiece en ti? Date cuenta de que, si tú cumples tu parte, puedes ayudar a traer paz y armonía al mundo. El grao océano está formado por muchas gotas de agua pequeñísimas, y la playa por innumerables granos de arena minúsculos. Por tanto, cada individuo con paz en su interior puede llevar paz externa al mundo. ¿Por qué no cumples tu parte ahora? Eleva tu corazón y da eternas gracias porque sabes que tienes un papel que jugar; ¡adelante, desempéñalo!

21 OCTUBRE

Expande tu conciencia para saber que YO SOY todo lo que existe. A continuación, sigue expandiéndola para ver cómo lo abarco todo. Siéntete crecer, romper todas las ataduras que te han retenido y que han impedido tu crecimiento y expansión. Al igual que una diminuta semilla plantada en la tierra rompe su envoltura externa y comienza a expandirse y a desarrollarse en lo que de verdad es, deja que tu yo verdadero crezca y se expanda hasta llegar a convertirte en lo que de verdad eres, y contempla la maravilla que eso supone. Al hacerlo, habrás de saber que eres una con toda la vida, ahora y por siempre, que nunca más podrás separarte de ella, y que YO SOY en ti y tú estás en el YO SOY. Serás capaz de hacer todas las cosas y sabrás que nada absolutamente es imposible, porque es el YO SOY el que obra en ti y a través de ti. Cuando el YO SOY es reconocido y aceptado, todo es posible.

22 Octubre

Deténte por un momento en medio de tus ocupaciones, y comprueba qué es lo que estás poniendo en primer lugar. ¿Es el trabajo? ¿Es la vida? ¿Son tus anhelos? ¿Tus deseos? Busca Mi reino en primer lugar. Encuentra tu contacto directo conmigo y todo lo demás se te dará por añadidura. ¿No te das cuenta de que tu comunión conmigo significa mucho más que cualquier otra cosa, pues de ella emerge todo el resto? Haz lo que esté de tu parte para poner lo primero en primer lugar. No puedes extraer agua de un pozo si no consigues un cubo, a continuación lo metes en el pozo, después lo llenas y por último lo sacas. Tienes que hacer algo; tienes que hacer el esfuerzo y poner de tu parte. Si te quedas mirando el agua del pozo, no vas a sacar nada. Al igual sucede con esta vida espiritual; si te quedas mirando cómo los otros encuentran su unidad conmigo, no llegarás a nada. Cada alma ha de emprender su propia búsqueda interna y efectuar su hallazgo.

23 Octubre

Si te encuentras en una situación que es difícil de aceptar y de amar, siempre hay algo que se puede hacer si así lo quieres; pues cuando entres en el silencio y Me busques, proyectaré la luz de la verdad sobre esa situación. Te revelaré por qué estás donde estás, y por qué estás haciendo lo que estás haciendo. Puedes estar segura de que hay una buena razón para que así sea y de que hay lecciones de vital importancia que aprender. Hasta que no cambies de actitud y aprendas a amar el lugar en el que te encuentres, las personas con las que estés y lo que hagas, tendrás que seguir en esa situación. En cuanto hayas aprendido esas lecciones y de verdad ames lo que estés haciendo, y lo hagas de todo corazón para Mí y por Mí, pasarás a una situación distinta. Mira cómo el amor te abre todas las puertas.

24 Octubre

El hecho de que algo estuviera bien y fuera lo adecuado ayer no significa que también sea así hoy. Por eso has de vivir un día cada vez, y vivir plenamente en el glorioso y sempiterno ahora; pues cuando puedas hacerlo sin reserva alguna y sin ideas preconcebidas, serás capaz de aceptar el cambio sin resistencia y la vida transcurrirá suavemente y de manera fluida. Es más fácil decirlo que hacerlo, especialmente en esas ocasiones en las que, creyendo que todo va bien, te instalas y echas raíces, sintiéndote segura en la situación presente. Que tu seguridad resida en Mí, y no en una situación, en un plan, en una persona o en cosa alguna; porque lo que hoy está aquí mañana quizá ya no lo esté. Pero YO ESTOY siempre aquí en toda la eternidad. Por lo tanto, búscame y encuéntrame, y no temas nada. Deja que vengan los cambios, sabiendo simplemente que cada cambio será para bien y que todos ellos son necesarios para el crecimiento y la expansión de la totalidad.

25 Octubre

Cuanto más elevados sean tus objetivos y tus propósitos, mejor. Nunca te limites de modo alguno. Sencillamente, has de saber que puedes llevar a cabo cualquier cosa que te propongas porque extraes tu ayuda y tu fuerza de Mí, y no conocerás fracaso ni derrota. Lo que tenga Mi sello sobre sí habrá de tener éxito, y tan solo los mejores resultados se derivarán de ello. Por eso, mantén tu conciencia elevada, armonízate con toda la vida y contempla los resultados más maravillosos. No puedes esperar esos resultados a menos que te acompases con el bien interior más grande, a menos que puedas fluir libremente con todo lo que está ocurriendo y atravieses todas aquellas barreras que podrían detenerte. Hay muchas cosas en la vida que podrían impedirte alcanzar tu propósito. Déjalas a un lado y niégate a contemplar el fracaso durante siquiera un segundo. Únicamente has de saber que puedes tener éxito y que lo tendrás, y que el éxito te acompañará en todo lo que emprendas.

26 Octubre

No existe un camino correcto frente al resto de caminos incorrectos. Los alpinistas han de escoger entre escalar directamente hasta la cima por una ruta directa, o encontrar un camino más fácil. Depende de ellos. Hay que decidir cuál es el camino espiritual indicado para cada uno, y después seguirlo de todo corazón. Hay almas buscadoras que no han encontrado todavía su camino específico en esta vida. Son aquellas que prueban un camino-espiritual tras otro y lo siguen durante un trecho para darse cuenta de que no era el suyo y comenzar otro distinto. Seguirán haciéndolo hasta dar con el apropiado. Darán con él si buscan con diligencia y jamás se rinden en su búsqueda. Si tú has encontrado el camino apropiado para ti, sigue adelante y no pierdas el tiempo echando la vista atrás o criticando a las almas que todavía andan buscando.

27 Octubre

UN concepto nuevo es como una semilla plantada en el interior de casa. No se puede sacar directamente la semilla fuera de ese ambiente hasta que no sea lo bastante fuerte como para plantarla allí donde tenga que resistir los elementos externos. Otro tanto sucede con un concepto nuevo: no se le puede sacar del mismo modo en que el prestidigitador saca los conejos del sombrero. Requiere un tiempo hasta darle sustancia y forma. Ha de ser experimentado primero por unos pocos antes de ofrecerlo a muchas personas. Hacer eso requiere amor y paciencia, dedicación y devoción. Ese proceso es lo que está sucediendo en este tiempo con la Nueva Era. Es algo muy nuevo. Están naciendo muchas ideas y conceptos nuevos, y todos ellos han de ser experimentados, comprendidos, amados y cuidados. Si estás en la avanzadilla de la Nueva Era, debes estar dispuesta a ir adelante sin miedo de experimentar lo más nuevo de entre lo nuevo.

28 Octubre

Todo mejora con la práctica. Cuanto más aprendas a llevar una vida, más pasará a formar parte de ti, y podrás vivir y moverte y tener tu ser en ella. No puedes permanecer estática; así pues, crece y expándete con libertad y alegría. Rompe los límites que te han tenido atada en el pasado. Elévate por encima de los temores que te han impedido expandirte y que te han mantenido ciega, impidiéndote ver con claridad la visión gloriosa que tienes ante ti. Demuestra lo que significa la fe para ti y espera que lo aparentemente imposible se haga posible. Trae Mi reino a la tierra, y aprende a hacer Mi voluntad y a seguir Mis caminos. Por muy débiles y vacilantes que sean esos primeros pasos al principio, hay que darlos. No importa las veces que caigas. Sencillamente, levántate e inténtalo de nuevo, una y otra vez.

29 Octubre

Busca siempre lo mejor, espera siempre lo mejor y jamás, bajo ningún concepto, te conformes con menos. Quizá te resulte difícil, particularmente en los momentos en que te sientas totalmente hundida. En esos casos tienes que elevar tu conciencia, y ni por un instante concebir la carencia, sino pensar en términos de abundancia. Contempla la abundancia y da gracias por Mi suministro infinito y sin límites. ¿Por qué habrías de contentarte aceptando lo que no es lo mejor, cuando lo mejor está aguardando a que lo aceptes y a bendecirte? Cuando puedas pensar en términos de grandeza, toda tu vida se expandirá en tu interior y alrededor de ti. Recuerda, todo comienza desde el interior y en ti misma. Comienza ahora a reajustar tu forma de pensar. Reoriéntate desde dentro, y permite que, poco a poco, vaya actuando desde dentro como la levadura en la masa. Nunca dejes de reconocer Mi mano en todas las cosas, y da constantes gracias. No des nada por hecho, mas date cuenta de cuán bendita estás.

30 Octubre

Aprende a dar libremente todo lo que tienes. Aprende asimismo a recibir con gracia todo lo que se te dé, y a utilizarlo con sabiduría para la expansión y mejora de todo el conjunto. Cuando des, da libremente, sin calcular el coste. Lo que se da con el ánimo recto, de todo corazón y con el amor más puro, traerá gran alegría y bendiciones a muchas personas, se multiplicará y crecerá. Recuerda siempre que no quede ni un hilillo de apego en lo que des. Da y enseguida olvídalo. Cuando hagas una tarea, hazla con amor, y da gracias por tener el don y la capacidad de hacerla. Efectúala a la perfección y nunca actúes esperando el resultado que puedas obtener de ella. Cuando aprendas a hacerlo todo para Mi honor y Mi gloria, habrás aprendido el arte de la verdadera donación. Encontrarás la mayor alegría en todo lo que des, y tu actitud y tu comportamiento serán rectos.

31 Octubre

La fe consiste en algo más que en quedarse sentada y dejarlo todo en Mis manos. Tú tienes que jugar tu papel, pues «sea para ti según tu fe». Cuando toda tu fe y tu confianza estén en Mí, cualquier cosa será posible. Vive según la fe, y demuestra Mis leyes para que todas las almas puedan verlas. Trabajemos como uno, vivamos como uno, seamos como uno; Yo en ti y tú en Mí. Cuando entiendas plenamente que Yo puedo hacer cualquier cosa, podrás darte cuenta de que tú puedes hacer cualquier cosa, pues YO ESTOY obrando en ti y a través de ti. Nada quedará hecho a menos que te pongas a ello y lo hagas. YO ESTOY en tu interior y tú eres Mis manos y Mis pies. Dedica esas manos y esos pies a Mí y a Mi servicio, para que nada pueda detener el trabajo y todo transcurra con fluidez. Asegúrate de trabajar al unísono y en armonía perfecta con Mis leyes, y contempla cómo se sucede maravilla tras maravilla; da también eternas gracias por todo.

NOVIEMBRE

Se me mostró la tierra como un tablero de ajedrez,
dividida en grandes cuadrados blancos y negros.
Empezó a llover y la pintura negra se mezcló
con la blanca, formando un conjunto grisáceo.
Después llovió más todavía y todo quedó
transformado en un blanco muy puro.
Oí estas palabras:

Ten fe. Sé muy firme, sabiendo que
toda la tierra y lo que ella contiene
están experimentando un enorme proceso
de limpieza. Todo está muy bien,
pues está sucediendo según Mi plan.
Quédate en perfecta paz.

1 Noviembre

No hay estrés ni esfuerzo alguno en la naturaleza. Una semilla pasa por un ciclo completo; no tiene que hacer nada, tan solo deja que todo ocurra. Lo único que has de hacer tú es permitir que todo suceda. ¿Por qué no te dejas transformar en una gloriosa mariposa? Sal de tu crisálida, sal de ese confinamiento, sal de las restricciones de tu mente e ideas mortales. Cuando una serpiente cambia su piel, lentamente abandona la antigua y la deja atrás hasta que se seca y se desintegra. Un cangrejo sale de su caparazón al crecer y expandirse, para dar paso al nuevo cangrejo, más grande y más hermoso. Un pájaro rompe su cáscara y sale de ella totalmente transformado. ¡Es libre, libre, libre! Eso es lo que a ti te espera. Una libertad y una alegría nuevas y todo un nuevo mundo están a la espera de abrirse para ti cuando estés dispuesta a salir de esas viejas formas, pensamientos e ideas restrictivas, y a ser transformada.

2 Noviembre

Cuando estás aprendiendo a hacer algo por primera vez, a conducir, por ejemplo, o a nadar o a tocar un instrumento musical, al principio eres muy consciente de cada uno de los movimientos, de cada cosa que haces. Cometes errores, pero sigues adelante. Corriges los errores y continúas hasta dominar lo que has empezado a aprender. Después ya no tienes que pensar cada movimiento; lo haces automáticamente, te dejas llevar y lo disfrutas porque ya no te supone ningún esfuerzo. Así también con esta vida espiritual. A medida que forma parte de ti, ya no necesitas recordarte que has de darte cuenta conscientemente de Mí y de Mi divina presencia, porque eres consciente de ella. Ya no has de sintonizarte, porque ya estás en sintonía. Te resulta tan natural como la propia respiración. En ese estado, tú sabes que YO ESTOY en ti, y que tú estás en Mí, y que somos uno.

3 Noviembre

Comienza este día con un corazón rebosante de amor, de dicha y de gratitud, con un corazón feliz por el hecho de estar viva, por hacer lo que estás haciendo, por estar donde estás; y mira cómo brota la perfección de este día. Benditas las almas que puedan ver la belleza, la alegría y la armonía a su alrededor y las que sepan apreciarlas al máximo, así como las almas que Me reconozcan en todas las cosas y en todas las personas y que den gracias por todo. El júbilo es como una piedra lanzada en el medio de un estanque; las ondas se expanden hasta los extremos más lejanos de este y después regresan al centro, llevando alegría a todo aquello con lo que entran en contacto en su trayecto. El amor es como un bálsamo curativo que sana todas las heridas, todos los daños, todas las penas; por eso, ama con Mi amor divino; ama lo que se puede amar y lo que parece imposible de amar; ama a las almas que no conocen el significado del amor; ama a los que crees tus enemigos. Cuando tu corazón esté lleno de amor, no conocerás enemigos. El amor es la base de esta vida espiritual.

4 Noviembre

Mantén tus ojos abiertos y estate siempre alerta. Contempla Mi mano en todo y da eternas gracias. Si no estás despierta, podrías pasar por alto buena parte de lo que hay justo enfrente de ti o incluso dentro de ti. Muchas almas pasan por la vida ciegas ante las maravillas que les rodean, incapaces de ver los milagros de la naturaleza, ignorantes, pues, de los milagros de la vida. Cuando seas consciente de la belleza, de la armonía, de la paz y de la serenidad que esconden las cosas pequeñas que te rodean, verás cómo crece esa conciencia hasta que toda la vida se convierte en una maravilla y andes por ella como un niño, con los ojos muy abiertos ante todo lo que ocurre. No habrá ni un solo momento de aburrimiento en tu vida. No darás nada por hecho sino que, antes bien, darás gracias por todo. La gratitud mantiene abierta la puerta de par en par para que tengan cabida cada vez más maravillas en tu vida; así pues, nunca dejes de dar gracias.

5 Noviembre

Acepta tu unidad con toda la vida; acepta tu Unidad conmigo. No la rechaces, creyendo que eres indigna de aceptar nuestra Unidad. Esa impresión de ser indignos es lo que separa a los individuos de Mí, su creador. Durante muchísimo tiempo se ha dicho a las personas que son unos pecadores miserables y que no merecen caminar y andar conmigo. Hace ya demasiado tiempo que se han separado de Mí, hasta que han dejado de conocerme y ya no se dan cuenta de que YO ESTOY en ellos. Destierra ya de ti esas falsas concepciones acerca de Mí. Acepta con júbilo y asombro nuestra Unidad. Acéptalo de la misma forma que una criatura pequeña, y no pierdas el tiempo intentando entenderlo con la mente. Si pretendes acercarte a esta vida de una manera intelectual, estás perdiendo el tiempo y dejando de ver su sencillez. Mis caminos son muy simples; deja de hacer que a ti te resulten complicados.

6 Noviembre

Estos no son tiempos ordinarios. Contempla el despliegue de Mi vasto y glorioso plan. Ahora es el momento de que ocurran los cambios más maravillosos, así que estate preparada para cualquier cosa en todo momento. No existe nada casual o fortuito respecto a las almas que están siendo atraídas entre sí, en este momento, para el inmenso trabajo que aguarda. Se está desplegando un plan muy definido; camina a la par que él. No albergues preocupación alguna; acaba con todo temor. Reconoce Mi mano en todo, contempla su perfección y agradécelo eternamente. Mantente preparada y estate dispuesta a asumir responsabilidades. Esta vida no es para los haraganes ni para las almas que tienen miedo de asumir responsabilidades. La Nueva Era pide fuerza, valentía y dedicación, así como una fe y una creencia inquebrantables. Es una aventura maravillosa, y, por lo tanto, se requiere espíritu de aventura para entrar en ella y formar parte de la misma. Camina al compás de todo lo que está sucediendo, de forma callada y con paz, sin la menor tensión, pues todo está muy muy bien.

7 Noviembre

¿Has encontrado de qué forma puedes contribuir al conjunto? ¿Puedes sentirte fundiéndote con él o te da la impresión de estar separada, mirando hacia dentro y preguntándote cuál es tu sitio? ¿Por qué no entrar dentro y, al hacerlo, encontrar ese lugar especial con mayor rapidez? Una vez te sientas parte del conjunto, querrás dar lo mejor de ti. Ese proceso es similar a un reloj con sus múltiples partes. Todas las partes son necesarias para que el reloj marque el tiempo de forma correcta. Cuando cada una de las partes está en su sitio, desempeñando su función específica, se logra la mayor precisión para marcar el tiempo. Todas las almas anhelan ser queridas, ser necesitadas. Cuando sientes que se te necesita, comienzas a crecer, a florecer, a dar frutos y a ofrecer lo mejor de ti. Recuerda siempre que te necesito. Renueva tu ofrecimiento a Mí cada día para que pueda hacer uso de ti como Yo quiera, y crece en fuerza y estatura.

8 Noviembre

¿Por qué aceptar limitaciones en área alguna de tu vida? Siéntete expandirte en conciencia día tras día. Espera que lo nuevo se desarrolle en ti y ante ti, y si requiere cambios por parte tuya, estate dispuesta a cambiar sin vacilaciones. Si quieres cambiar un programa de radio, tienes que mover el dial hasta encontrar el nuevo canal. Después, has de tener mucho cuidado para sintonizar el canal hasta lograr una recepción clara y que no haya distorsiones que estropeen el programa. Cuando tu deseo de salir de lo viejo sea lo suficientemente grande, no dejarás piedra sin remover hasta que lo hayas logrado. Moverás todos los mandos hasta sintonizarte con lo nuevo y recibirlo con un volumen audible y de forma clara. Una vez que hayas logrado una recepción clara, a continuación tendrás que estar quieta y escuchar; y una vez que hayas absorbido todo lo que se te transmita, lo siguiente será entrar en acción y hacer algo al respecto. ¿Por qué esperar un solo día más? Sintonízate ahora.

9 NOVIEMBRE

Ten una fe firme e inquebrantable. La fe ha de ser vivida y demostrada; no hay que hablar de ella. Al usarla constantemente se hace cada vez más fuerte. No es algo que se coja de la estantería de vez en cuando, para volver a guardarla una vez usada hasta que se necesite la próxima vez. A medida que aprendas a vivir según la fe, aprenderás a verme en todas las personas y en todo lo que está sucediendo, y te darás cuenta de que no hay lugar alguno en el que Yo no me encuentre. Es una conciencia interna de que todo lo mejor de la vida brota desde dentro. Cuando te des cuenta de que lo tienes todo en tu interior, abandonarás esa búsqueda eterna. Dejarás de luchar y de esforzarte por lograr lo imposible, y de una forma callada y confiada encontrarás ese almacén rebosante de tesoros inenarrables. Ahora es el momento de vivir según la fe, no mañana o algún otro día en el que te sientas más fuerte y tengas mayor confianza. Ponla en práctica ahora mismo y mira como funciona de maravilla.

10 Noviembre

Día tras día, te vas dando cuenta de los desarrollos nuevos en tu interior y en el exterior. Estás absorbiendo nuevas formas e ideas. Tu conciencia se expande y es capaz de aceptar cada vez más. Algunas personas aprenden con mayor rapidez que otras; por tanto, entrar en la Nueva Era no será igual para todo el mundo. Algunas almas serán capaces de dar un salto dentro de ella. Otras entrarán de una forma lenta, asegurándose de cada uno de los pasos que dan al avanzar en su interior. Otras entrarán arrastrándose, y cada paso les resultará doloroso pues muestran resistencia ante los cambios que están sucediendo. Guardan resentimiento ante las formas y las ideas nuevas y querrán que se les deje solas para seguir viviendo como antes, con la actitud de que lo que fue bastante bueno para sus padres y sus madres también lo es para ellas. La respuesta a esa actitud es dejar de luchar contra todo ello y, en vez de eso, sintonizarse y fluir con la vida. Los tiempos están cambiando y lo están haciendo de una forma muy rápida, y a menos que cambies con ellos, te quedarás atrás.

11 Noviembre

Todo lo que necesitas está en tu interior, esperando a ser reconocido, desarrollado, y manifestado. Una bellota guarda dentro de sí un fuerte roble. Tú albergas en tu interior un potencial enorme. Al igual que la bellota se ha de plantar y cuidar para que crezca y se transforme en ese roble tan fuerte, también lo que está en tu interior tiene que ser reconocido antes de que pueda manifestarse y ser utilizado al máximo; de otra forma, permanece latente en tu interior. Lo que les sucede a muchas almas es que ese tremendo potencial nunca se llega a desarrollar en esta vida y a menudo se carga con él de vida en vida. ¡Cuán innecesario es ese proceso! Ahora es el momento de manifestar y de usar todo lo que guardas en tu interior. Has de saber que tú puedes hacer todas las cosas porque YO ESTOY fortaleciéndote y guiando cada uno de tus movimientos y decisiones, hasta que esa bellota que contienes irrumpa más allá de tus límites y seas libre para crecer hasta llegar a ser un fuerte roble.

12 Noviembre

Jamás pierdas el tiempo teniendo la impresión de que te queda un largo camino que recorrer en esta vida espiritual. En lugar de eso, siéntete animada y fortalecida al darte cuenta de todo lo que has andado, y da eternas gracias por ello. Date cuenta de cuánto hay que agradecer. Rodéate de pensamientos hermosos, de cosas bonitas, de personas bellas. Mira brillar la luz de la verdad en todas las cosas y personas. Que tu luz brille desde lo más hondo de tu ser. Has de saber que nada procedente del exterior puede extinguirla y de que tan solo tu negatividad puede hacerlo. Por tanto, mantén una actitud positiva en todo momento. Escoge siempre el camino de la luz e ignora la oscuridad, impidiendo de ese modo que gane consistencia. Cada vez se necesita más luz, pues es mayor el hambre de alimento espiritual en el mundo; por eso, mantén tu luz resplandeciente. Sé luz e irradia luz desde ti, haciendo que retroceda la oscuridad. Sé amor y que el amor fluya desde ti con libertad, y ayuda a satisfacer esa inmensa necesidad que hay en el mundo.

13 Noviembre

Al esperar lo mejor de la vida, lo atraes hacia ti; empieza, pues, ahora mismo a esperar lo mejor de todas las cosas y de todas las personas, y contempla cómo ocurre lo mejor. Espera que cada una de tus necesidades quede satisfecha. Espera la respuesta a cada uno de tus problemas. Espera la abundancia en todos los niveles. Espera crecer espiritualmente. No aceptes limitaciones en tu vida; tan solo has de saber y aceptar que todos Mis dones, buenos y perfectos, son tuyos en la medida en que aprendas a tener una escala de valores recta y a poner lo prioritario en primer lugar en tu vida. Espera aumentar de estatura, crecer en belleza, sabiduría y comprensión. Espera ser utilizada como un canal para que Mi amor y luz divina fluyan en ti y a través de ti. Acepta que pueda utilizarte para Mi obra. Hazlo todo con absoluta fe y confianza, y contempla cómo se producen Mis glorias y maravillas, no únicamente de vez en cuando sino en todo momento, de manera que tu vida entera sea en verdad un canto de gozo y gratitud.

14 Noviembre

¿Cuántas veces TE he dicho que te necesito libre para hacer todo lo que ha de hacerse? ¿Cuándo aprenderás a abandonarte y a ser libre? No conocerás el significado de la libertad hasta que no estés dispuesta a soltar, a confiar en que puedes hacerlo y a dar esos pocos e iniciales pasos dificultosos. Solo tú puedes hacerlo; nadie más puede hacerlo por ti. ¿Te asusta lo que puedas encontrar al doblar la esquina? ¿Tienes miedo del futuro? ¿Dónde están tu fe y confianza? ¿Por qué no aprendes a vivir plena y gloriosamente en el sempiterno ahora, y consientes que Yo Me haga cargo de tu futuro? Tengo cosas maravillosas aguardándote cuando estés libre y dejes de aferrarte a lo que ya tienes porque temas perderlo todo. Estate dispuesta a perderlo todo para ganar algo mayor, incomparablemente mayor. Todo está en Mis manos, y está muy muy bien.

15 Noviembre

¡La vida es sencilla! ¿Por qué habrías de complicártela? ¿ Por qué escoger una ruta tortuosa cuando tienes el camino recto ante ti? Permite que la vida se desarrolle para ti, y no intentes forzar su desarrollo. No puedes forzar la apertura de una flor, pues si lo intentaras, destruirías la belleza y la perfección de esa flor debido a tu impaciencia. Hay un tiempo preciso para cada cosa, ¿por qué no, pues, seguir el ritmo de la vida, fluir con él y contemplar cómo se despliegan Mis maravillas y Mis glorias con auténtica perfección? Cuando se hace algo fuera de su tiempo, el resultado es que queda retrasado en lugar de que ocurra con la velocidad adecuada. Por tanto, espera en Mí de forma callada y confiada, y nunca te precipites a hacer algo antes de que haya llegado su hora. Al mismo tiempo, nunca te dejes arrastrar perdiendo de ese modo un tiempo precioso. Date cuenta de que hay un diseño y un plan gloriosos en todo lo que estás haciendo, y da eternas gracias.

16 Noviembre

La lección más importante que hay que aprender en la vida es el amor. El amor es tan fuerte que es inquebrantable y, sin embargo, es intangible. Puedes conocerlo, puedes sentirlo, pero no puedes cogerlo, pues tan pronto como lo intentes, resbalará como el mercurio. El amor no puede ser poseído; es libre como el viento y se mueve donde quiere. Muévete con él. El amor es unidad y totalidad. El amor no conoce limitaciones ni barreras. Con el amor llega la libertad. Es el miedo lo que ata y limita a un alma; es el amor lo que libera y corta las ataduras. El amor abre todas las puertas, cambia vidas enteras y ablanda los corazones más duros. El amor es creativo; construye, creando belleza, armonía y unidad. Trabaja en favor de todo, no en contra de nada. El amor trae tal alegría que no se puede contener. Danza y canta por medio de la vida. ¿Hay amor en vuestro corazón? ¿Os amáis los unos a los otros? El amor empieza en ti y se expande cada vez más en el exterior.

17 Noviembre

¿Te sientes parte de lo nuevo? ¿Crees que puedes fundirte con la totalidad en perfecta armonía, o te sientes incómoda y desajustada? Si así es, es mucho mejor salir y encontrar otro camino. Solo las almas que estén en armonía con lo nuevo, que estén dispuestas a abandonar todo lo viejo tras de sí sin lamentarlo y que tengan un espíritu de aventura, están listas para lo nuevo y serán capaces de adentrarse en su interior con libertad. Si aún quieres aferrarte a las antiguas formas e ideas convencionales y ortodoxas, eso quiere decir que todavía no estás preparada para lo nuevo. Se requiere valor, fuerza, determinación y un profundo conocimiento interno de que lo que estás haciendo es correcto. Cuando deposites tu fe y tu confianza en Mí y sepas que YO ESTOY guiándote y dirigiéndote, serás capaz de hacer todo lo que ha de hacerse con el amor y el gozo más profundos.

18 Noviembre

Utiliza todo lo que tienes para beneficio de todos. No intentes acumularlo o almacenarlo; mejor, compártelo, pues en la medida en que lo compartas se incrementará, mientras que si intentas poseer algo o aferrarte a alguien, con toda seguridad lo perderás. Esa es la ley y, al vivirla, la verás obrando a tu alrededor. Si tienes algunos sobres de semillas y los dejas olvidados en un armario, no les pasara nada y allí se quedarán. Pero si coges las semillas, las plantas en tierra y las cuidas, no solo crecerán sino que acumularán y producirán cada vez más. Así también con todo lo que tienes; nunca intentes aferrarte a ello, sino compártelo con alegría y contempla como aumenta en cantidad y en calidad. Cuando tu actitud es recta, sabes que todas tus necesidades van a quedar cubiertas de una forma maravillosa, y que todo lo que Yo tengo es tuyo.

19 Noviembre

No es necesario que intentes resolver las cosas o hacerlo todo por ti misma. Todo lo que has de hacer es, de una forma callada y confiada, seguir Mis instrucciones, que recibirás en quietud y silencio. Algunas almas oirán Mi voz de una forma nítida; otras actuarán de manera intuitiva; algunas almas serán llevadas a emprender la acción. Yo obro de muchas formas, pero todas sabrán cuándo estoy al mando, pues las señales del amor y la verdad atravesarán todas las cosas. A medida que Mis instrucciones sean obedecidas, verás sucederse una maravilla tras otra y la obra de Mi mano en todas las cosas. Te darás cuenta de que tú sola no podrías producir esas maravillas y de que soy Yo, en verdad, al obrar en ti, y Me darás el honor, la gloria y la gratitud eternas. Reconoce en todo momento de dónde proceden tu sabiduría, tu amor y tu comprensión, de dónde surge la misma vida. YO SOY el Todo en todas las cosas, y tu vida está escondida en Mí. Tú y Yo somos uno.

20 Noviembre

Ten paz y descansa en Mi amor. Has escuchado esas palabras muchas veces, y te preguntas por qué se han de repetir. Son como el agua: muy lentamente, y en silencio, van desgastando lo viejo y se abren un nuevo paso. Continuarán grabándose, poco a poco, en tu interior hasta que te des cuenta de que han entrado a formar parte de ti. Ya no son, entonces, meras palabras, sino que viven y se mueven y tienen su ser en ti, y tú te descubres viviéndolas y en paz perfecta, descansando en Mi amor. Jamás te lamentes de la repetición sino, antes bien, da eternas gracias porque Mi amor es tan grande que YO ESTOY dispuesto a continuar con paciencia y persistencia y nunca dejaré que te vayas. He puesto Mi mano sobre ti y te necesito. Tienes un lugar muy especial en todo Mi vasto plan, y estoy esperando revelártelo cuando estés preparada.

21 Noviembre

Nunca sabrás si algo funciona a menos que lo pruebes. Nunca sabrás si la electricidad está conectada si no pones tu mano en el interruptor de la luz y la enciendes; has de emprender alguna acción para comprobar que funciona. Al igual ocurre con la fe. Es inútil limitarse a quedarse sentada hablando de la fe si no vives según ella y si nadie ve lo que para ti significa. Es inútil hablar acerca de vivir según la fe si tu seguridad está puesta en el saldo del banco, y sabes que puedes acudir al mismo cuando decidas hacerlo. Solo cuando no tengas nada y puedas dar un paso más allá del más hondo abismo y hacer lo aparentemente imposible porque tu fe y tu seguridad están enraizadas en Mí, podrás hablar de vivir según la fe y ser una demostración viva de ella. ¡Adelante, pon a prueba tu fe y a ver qué ocurre!

22 NOVIEMBRE

Mira siempre la cara más luminosa de la vida. Espera solo que suceda lo mejor, y verás que así será. Nunca le eches la culpa a nadie por el estado negativo en que te encuentras. Tú eres tu propia dueña; de ti depende dar la vuelta a la situación y ver qué es lo que esconde la otra cara. Si eliges ver la cara oscura de la vida, no esperes atraer hacia ti a las almas que conocen la dicha de la verdadera libertad, porque lo igual atrae a lo igual; únicamente atraerás hacia ti a las almas que están en el mismo estado. Cuando estés en la cumbre y tu amor fluya libremente, atraerás hacia ti a todas las personas, pues a todo el mundo le atrae un alma gozosa. Aprende a levantar el ánimo de una persona o de una situación y nunca te permitas hundirte en la desesperación más honda a causa de la actitud de nadie. Estás aquí para crear paz, armonía, belleza y perfección, todo lo mejor de la vida, así que, ¡anda, y haz algo al respecto!

23 Noviembre

Cuando os digo que os améis unos a otros eso no quiere decir que tengáis que toleraros unos a otros, o que hayáis de hacer un enorme esfuerzo. Mas encontraréis, al abrir vuestro corazón y si podéis llenarlo de pensamientos de amor y belleza, que querréis amar a las almas con las que entréis en contacto, sean quienes fueren. Se trata del libre flujo de Mi amor universal que no conoce discriminación, y que no escoge a quién hay que amar y a quién no. Mi amor es el mismo para todos y cada uno de vosotros. De ti depende cuánto estés dispuesta a aceptar. No temas dar expresión a este amor. Está más allá de la personalidad; pertenece a lo más alto. Aprended a tener vuestro corazón a flor de piel, y nunca os avergoncéis de demostrar el amor que os profesáis. El amor es el factor unificador más grande de todo el universo, por eso, ¡amad, amad, amad!

24 Noviembre

«Por sus frutos los conoceréis»; sabréis si están conmigo o están contra Mí, si están del lado de la luz o de la oscuridad. Abrid vuestros ojos y conoceréis sin la menor incertidumbre. Dirijíos a vuestro interior y vuestro corazón os hablará. Haced vuestra propia evaluación y no escuchéis todo lo que proceda del exterior; pues si escucháis las múltiples cháchara y los rumores del exterior, caeréis en tal confusión que no sabréis lo que es y lo que no es la verdad, y perderéis el camino. Todas las almas pueden encontrar la verdad en su interior, pero eso implica que han de tomar el tiempo para adentrarse. Tienen que pensar por sí mismas y encontrar su propio camino, y muchas almas son demasiado perezosas como para hacer tal cosa. Encuentran mucho más fácil dar crédito y hacer lo que otros dicen sin entrar en su interior. Permaneced quietos y encontraréis la verdad; y la verdad os hará libres.

25 Noviembre

El sufrimiento no es necesario en la Nueva Era. Para las almas que se adentren en lo nuevo, ya no habrá más sufrimiento. Si todavía crees que el sufrimiento es necesario, no perteneces a lo nuevo sino que estás firmemente aferrada a lo viejo. Ahí te quedarás, atrayendo el sufrimiento hacia ti hasta que por propia voluntad sigas adelante y aceptes que ya no existe. Concéntrate en las maravillas y en la alegría de esta vida, y acepta lo mejor, que es tu verdadera herencia. No se trata de ser como un avestruz, temerosa de enfrentarse a la vida. Se trata de ver la realidad de esta vida gloriosa que es tuya y, al hacer eso, ayudar a realizarla. Cuanto más claramente la veas, más rápidamente se producirá. Acepta la visión del nuevo cielo y de la nueva tierra y mantenla con firmeza en tu conciencia, pues no se trata de un sueño inalcanzable. Es la realidad, y tú eres parte de ella.

26 Noviembre

Hay una gran necesidad de almas serias y estables, almas que estén en todo momento en el lugar justo en el instante apropiado, haciendo lo que ha de hacerse. Hay necesidad de almas que vivan de tal modo que nada las contraríe, por encontrarse en total control de cada situación y vivir y actuar desde ese centro interno de paz y de quietud. Su seguridad está en Mí; por tanto, nada puede desequilibrarlas. Saben lo que están haciendo y por qué lo están haciendo, y tienen un auténtico sentido de la responsabilidad. Se les puede confiar una tarea del tipo que sea, con la seguridad de que la llevarán a buen término, y de que lo harán a la perfección. Indaga en tu corazón. ¿Se puede confiar en ti? ¿Tienes tal sentido de la responsabilidad que llevas a término cada tarea? ¿Estás siempre en el lugar indicado en el momento apropiado? Es importante que tomes tiempo para comprobar lo que estás dejando de hacer y ver qué puedes hacer para rectificarlo.

27 Noviembre

Amaos y confiad los unos en los otros, pues el amor y la confianza en un alma le permite florecer y desarrollarse, para poder asumir responsabilidades y crecer en fuerza y estatura. No puedes esperar que un niño crezca si todo se le da hecho. Se le ha de enseñar a pensar por sí mismo, a tomar sus propias decisiones y a no confiar en que sus padres van a hacerlo todo por él. No es fácil ver que las personas que amamos adoptan una decisión equivocada, y sin embargo, a veces se ha de consentir para que aprendan ciertas lecciones. En ocasiones, las lecciones pueden aprenderse de un modo fácil, pero a menudo sucede que si se aprenden de una manera dura, jamás se olvidarán. Por eso, nunca seas sobreprotectora; aprende a soltar las almas que tengas a tu cuidado, sean quienes sean o tengan la edad que tengan. Deja que asuman sus responsabilidades y, lo que es más, que disfruten al hacerlo, y ayudaos entre vosotros a crecer de ese modo.

28 Noviembre

Hoy es un día nuevo, y de ti depende lo que hagas con él. Tus primeros pensamientos al despertarte pueden teñir todo el día. Pueden ser pensamientos felices y positivos, o pueden ser pensamientos mezquinos y negativos. Jamás te dejes influir por condiciones externas tales como el tiempo. Quizá esté lloviendo a cántaros, pero si tu corazón está lleno de amor y gratitud, tu actitud entera hablará del sol y de un cielo azul. ¿Ves la enorme responsabilidad que llevas sobre tus hombros? La vida es lo que se hace de ella, por eso nunca eches la culpa a nadie por encontrarte de esta o de aquella manera; date cuenta, por el contrario, de que se trata de tu propia fabricación. Cambia tu actitud y cambiará todo tu comportamiento. Adopta una actitud constructiva frente a la vida. Construye lo mejor a partir de todo lo que veas a tu alrededor e ignora el resto; no le des consistencia vital y desaparecerá. Espera en Mí durante el día de hoy en silencio y confianza, sabiendo que este día tiene Mis bendiciones.

29 Noviembre

¿Cuáles son tus valores en la vida? Si se trata simplemente de los valores materiales, esos que hoy están y mañana ya se han ido, puedes pasarte la vida dando vueltas como una ardilla enjaulada sin llegar a ninguna parte. Pero si persigues los caminos del Espíritu, necesitas buscar en tu interior para encontrarlos, y eso tan solo puede hacerse permaneciendo en quietud y extrayendo esos tesoros inestimables que están en el fondo de tu ser. No los encontrarás fuera de ti, pues tú guardas en el interior todo lo que importa en la vida. Eres libre de hacer tu propia elección en lo que respecta a las cosas que de verdad importan. Nadie va a intentar influirte, pues todas las almas tienen libre albedrío. De ti depende hacer que tu vida acabe siendo un lío o un éxito. La luz está ahí, ¿por qué no seguirla? El amor está ahí, ¿por qué no aceptarlo? No se te niega cosa alguna si la buscas con todo tu corazón, con toda tu mente, con toda tu alma y con toda tu fuerza.

30 Noviembre

No podrás pasar a emprender trabajos de más envergadura si antes no has resuelto los problemas de tus relaciones, y puedes caminar con amor y paz, con armonía entre vosotros, sin guardar resentimiento ni mala voluntad. Se han de arrancar las malas hierbas del terreno antes de que echen a perder las plantas que crecen en el mismo. Arranca todas las malas hierbas de tu vida ahora, antes de que se establezcan firmemente y ahoguen las plantas hermosas que crecen en tu interior. No puedes crecer y expandirte espiritualmente cuando albergas alguna forma de odio, celos, disgusto, intolerancia o malentendido en tu corazón. Resuelve rápidamente tus diferencias y haz que el amor continúe fluyendo. Nunca esperes que la otra persona tome la iniciativa. Siempre habrá algo que puedas hacer al respecto, así que, ¿por qué no hacerlo y por qué no hacerlo ahora? Nunca dejes para mañana lo que puedas hacer hoy. Hay mucho que aguarda ser desplegado, pero ha de desarrollarse en el ambiente adecuado: el ambiente del amor, de más y cada vez más amor.

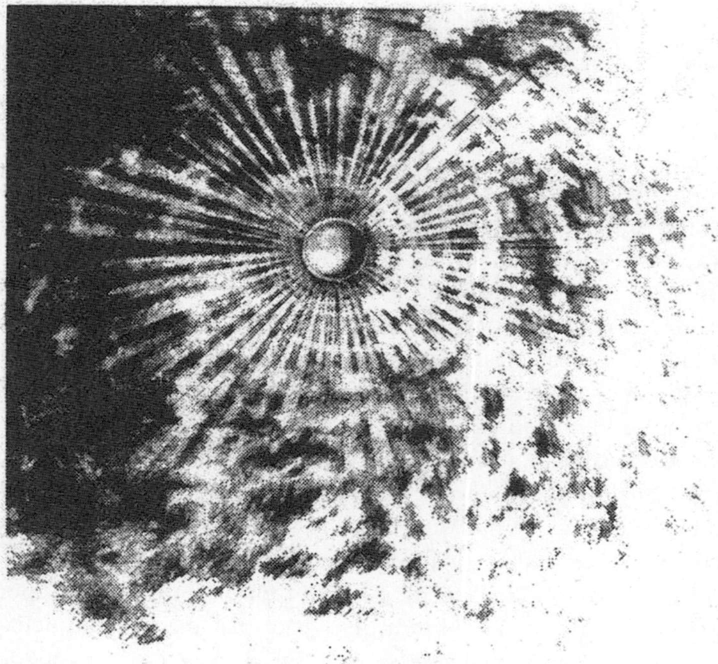

DICIEMBRE

Se me mostró una gran esfera de luz.
De ella surgían rayos de luz brillante
y a ella retornaban rayos sin brillo.
Oí estas palabras:

Cuando hayas recorrido el ciclo completo,
volverás a Mí, la fuente de toda vida,
y serás una conmigo
como lo eras en el principio.

1 Diciembre

Deja atrás el ayer y entra rápidamente en este maravilloso nuevo día, sabiendo que guarda para ti tan solo lo mejor, y espera que simplemente traiga lo mejor. Advierte Mi mano en todo lo que está teniendo lugar, y contempla el nacimiento del nuevo cielo y de la nueva tierra. No tengas temor, pues Me complace darte el reino, no mañana o en algún otro momento, sino hoy. ¿Puedes aceptar que hoy puede ocurrir cualquier cosa? ¿Estás preparada para que tengan lugar los acontecimientos más maravillosos? Eso ayuda a que las cosas sucedan antes y te permite ver únicamente lo mejor de cada situación. De hecho, al mirar nada más que lo mejor, ayudas a que se produzca. Mediante esta acción tan positiva creas las condiciones y el ambiente adecuados para que surja lo nuevo, le conviertes en una especie de comadrona, dispuesta a ayudar de mil maneras a que nazca lo nuevo.

2 Diciembre

Los pioneros siempre son necesarios, siempre hacen falta esas almas que tengan fuerza y valentía para adentrarse en lo nuevo. Son aquellas almas que, teniendo un sentido de visión, mantienen esa visión siempre ante sí y la ven hacerse manifiesta. Pero cada uno es un individuo y, por tanto, no puede quedar encasillado dentro de un molde. Tienes que ser libre para crecer y desarrollarte y ser inspirada por esos profundos impulsos internos que sacuden y hacen moverse todo tu ser. Vive según el Espíritu. Actúa según los impulsos del Espíritu, por muy ridículos que pudieran parecer. Es mucho más cómodo quedarse sentada y esperar a que alguna otra persona tome la iniciativa y dé un salto a lo desconocido. Para ser capaz de darlo, se requiere fe y valentía; y si tú no tienes la fe y el valor de hacerlo, no intentes detener a los pioneros que sí la tienen. Muestra, empero, eterna gratitud, pues sin ellos Mi nuevo cielo y Mi nueva tierra jamás podrían ser establecidos.

3 DICIEMBRE

Sois parte del conjunto, y cada alma tiene un papel que jugar en él. Por eso, no seáis críticos o intolerantes, sino tened presente que no hay dos iguales entre vosotros, y que componer un todo perfecto requiere muchas partes diferentes. ¿Has visto alguna vez un reloj desmontado? Está compuesto de muchas partes distintas, y al verlas todas sueltas, seguramente te preguntarás cómo es posible que puedan ensamblarse hasta formar un artefacto mecánico tan perfecto. Pero cuando alguien que entiende de relojes comienza a colocar cada pieza en su sitio, enseguida compruebas que no solo funciona sino que da la hora correcta. Si cada una de las piececillas está en el lugar que le corresponde, haciendo lo que le toca hacer, funciona bien. Ahora entenderás por qué insisto en pedirte que encuentres tu lugar adecuado en el vasto esquema de la vida y que des lo mejor de ti cuando lo hayas encontrado.

4 Diciembre

Aprende a apreciar y a cuidar todo lo que se te dé. Tan solo lo harás cuando te des cuenta de que todo lo que tienes procede de Mí. Cuando en verdad ames al donante, estimarás lo donado. Si dejas de cuidar Mis dones, eso refleja tu actitud hacia Mí, que soy quien te da todos esos presentes. El amor es la clave. Cuando conozcas el significado del amor, no podrás dejar de amar y de cuidar lo que está bajo tu cuidado. A un niño no le das una pieza valiosa de un equipo para que juegue con ella, porque sabes que el niño no la cuidará y posiblemente acabe rompiéndola. No puedo darte todo lo que está a la espera de serte donado hasta que aprendas a cuidarlo y a darle un uso recto, con amor y atención. Por eso, he de esperar pacientemente hasta que estés preparada antes de poder darte cada vez más dones Míos.

5 Diciembre

¿Por qué has de ir con los ojos y la mente cerrados, dejando así de reconocer tu verdadera herencia? Date cuenta de que no tienes que buscar fuera de ti para encontrar sabiduría, conocimiento y comprensión; todo está ahí, dentro de ti, esperando a ser manifestado. Cuando te des plena cuenta de eso, jamás volverás a tener la impresión de que un alma es más inteligente que otra. Sabrás que a medida que las almas caigan en la cuenta de que lo tienen todo en lo profundo de su ser, serán capaces de hacerlo todo y de entenderlo todo; de hecho, todo un nuevo mundo se abrirá para ellas. Tú eres un mundo en ti misma, un mundo que contiene toda la luz, todo el amor, toda la sabiduría y toda la comprensión, y todo ello aguardando a ser manifestado. Deja, pues, de buscar eso fuera de ti. Toma tiempo para permanecer en quietud y encuéntralo en tu interior. Aprende a comprenderte, y cuando lo hagas, comenzarás a comprender a los demás, a comprender la vida, a comprenderme a Mí.

6 Diciembre

No permitas que ni el orgullo intelectual ni las ideas preconcebidas o las opiniones y prejuicios se interpongan y obstaculicen el camino; ni te cierres a la verdad porque esta no llegue a través de medios ortodoxos o convencionales. Estás adentrándote en lo nuevo, y, por tanto, debes estar preparada para muchas formas y medios nuevos. Cuando a un niño se le pasa de curso, tiene que aprender a expandirse y a incorporar y aceptar las asignaturas nuevas que ha de aprender. Otro tanto sucede con el paso a la Nueva Era. Tienes que estar dispuesta a apartarte de lo conocido, a probar nuevos experimentos, a saltar a lo desconocido. Tienes que estar dispuesta incluso a cometer errores y a aprender de ellos, para poder seguir creciendo en sabiduría, conocimiento y comprensión. No te preocupes; no se te va a pasar directamente desde el primero hasta el sexto nivel. El camino se te irá mostrando paso a paso, y avanzarás de manera gradual.

7 Diciembre

Cuando no guardas armonía con el orden divino de las cosas, atraes hacia ti lo que es discorde y fragmentado. Te encontrarás yendo contra la corriente, rumbo a ninguna parte, y acabarás agotándote, sencillamente. ¿Por qué no seguir la corriente, fluir con ella y estar en armonía con todo lo que está ocurriendo? Si aprendes a hacerlo, te descubrirás en armonía con todas las cosas y personas que te rodean. No te sentirás como un bicho raro, sino que encajarás a la perfección en todo tu entorno. Te hallarás en armonía contigo misma, y esa armonía interna se reflejará en el exterior. La vida transcurrirá de un modo fluido y encajará a la perfección. Contemplarás milagro tras milagro sucederse continuamente. Esta forma de vida te resultará normal al estar sintonizada conmigo para que Yo pueda trabajar en ti y a través de ti, y producir así Mis maravillas y Mis glorias.

8 Diciembre

¿Cuántas veces al día eres plenamente consciente de Mí? ¿Cuántas veces al día reconoces Mi mano en lo que está sucediendo y Me das las gracias? Toma tiempo hoy e intenta mantenerte en contacto conmigo todo el tiempo. No te resultará fácil al principio, pues te descubrirás yéndote por las ramas de la vida, sin que un solo pensamiento acerca de Mí entre en tu conciencia durante largos periodos de tiempo. Al comenzar, tendrás que aprender a traer de vuelta toda tu conciencia hacia Mí y hacer que deje de desperdigarse sin rumbo ni concierto. Pero si continúas haciéndolo, poco a poco te irás haciendo cada vez más consciente de Mí. Aprenderás a vivir, a moverte y a tener tu ser en Mí, y conocerás el significado de nuestra unidad: que no hay separación, que YO ESTOY en ti y tú estás en Mí, y que somos uno.

9 Diciembre

Para marcar el compás del día, tienes que aprender a quedarte en quietud y a tener un tiempo de sintonización por la mañana temprano al despertarte, antes de que tu mente quede enredada en los asuntos del día. Tu vida es como un lienzo limpio sin una sola mancha sobre él. Que los primeros trazos al despertar sean muy claros y definidos. Que estén llenos de amor, de inspiración y de expectación ante lo mejor del nuevo día que se te pone por delante. Te encontrarás en un estado muy silencioso, receptivo y sensible. En ese estado serás capaz de dirigir las actividades de tu mente a través del sendero más elevado y más deseable. Comienza el nuevo día dispuesta a que ocurra lo mejor en todo lo que emprendas. Paso a paso, observa cómo se despliega el diseño perfecto para el día y para ti. El ayer lo dejaste atrás, te aguarda un día nuevo y glorioso, y tú estás en armonía con toda la vida.

10 Diciembre

No pierdas tiempo ni energía agitándote como un pez fuera del agua, atribuyendo la causa de tus condiciones y circunstancias a los demás. Tan solo has de saber que lo tienes todo en tus manos. Por tanto, puedes rectificarte sin ninguna ayuda exterior si tomas tiempo para encontrar esa paz y sosiego internos y esperas en Mí. Nada se te ocultará cuando lo busques y cuando te des por completo a Mí y quieras hacer Mi voluntad y solamente Mi voluntad. Únicamente sabrás cuál es Mi voluntad cuando aprendas a guardar silencio y quietud. No pongas demasiado esfuerzo en ello; suéltate, relájate y encuentra esa paz de corazón y mente que abre todas las puertas y que revela la luz de la verdad. Comprobarás que puedes lograr mucho más si puedes relajarte y ponerlo todo en Mis manos. Entonces, cuando así lo hagas, espera de forma muy queda en Mí y deja que todas las cosas fluyan con libertad y con mucha naturalidad, sin ningún esfuerzo por tu parte, y crece así en auténtica perfección.

11 Diciembre

El mejor modo de llevar amor y prosperidad a tu vida es bendecirlo todo y dar gracias por cada incremento que encuentres en el camino como un don procedente de Mí. Si aprendes a bendecir y a agradecerlo todo, estarás de hecho poniendo en práctica una de las grandes leyes de la prosperidad y la abundancia, pues con amor y bendiciones todo aumenta. Has podido ver a los niños expandirse y crecer en belleza y sabiduría cuando se vierte amor sobre ellos. Has visto a las plantas, a las flores y a los animales responder al amor y a las bendiciones. Has comprobado cómo tú misma respondías cuando se han derramado sobre ti el amor y las bendiciones. Ahora anda, y obra tú de la misma manera con todas las personas que encuentres. Verás que cuanto más lo hagas, más fácil te resultará, y podrás abrir tu corazón con mayor facilidad, hasta que el amor y las bendiciones broten de ti en todo momento y tu mismo gozo de vivir sea tan grande que se extienda sobre el mundo.

12 Diciembre

Cuando llegues a darte cuenta de las horas de práctica que un buen pianista ha de emplear cada día antes de actuar en un concierto excelente, empezarás a entender por qué tienes que estar alerta para ser capaz de llevar esta vida espiritual tal y como de verdad se ha de vivir. Eso no quiere decir que tengas que estar en tensión, sino que tienes que estar continuamente vigilante y darte cuenta de todo lo que ocurre, y de un modo muy especial al principio. Al igual que un pianista que practica para perfeccionarse tiene que volver una y otra vez sobre determinado fragmento musical especialmente difícil antes de sentirse satisfecho, también tú has de volver una y otra vez sobre el mismo tema, aprendiendo las mismas lecciones para que formen parte de ti hasta tal punto que no puedas separarte de ellas, porque están grabadas en ti. Recuerda, nadie puede vivir esta vida por ti; nadie puede practicar en tu lugar. Solo tú puedes hacerlo. ¿Por qué, pues, no empiezas a hacerlo ahora?

13 Diciembre

Únicamente pueden suceder cosas sorprendentes si puedo trabajar en y a través de canales abiertos y disponibles. Las almas que ven cómo ocurren esas cosas pueden ver Mi mano en ellas y darse cuenta de que por sí solas serían incapaces de realizarlas. Saben que, en verdad, YO ESTOY trabajando en y a través de ellas, y de esa forma llegan a conocerme y a amarme. Así pues, nunca dejes de dar gracias por todo lo que está ocurriendo en tu vida. Mantén tu corazón abierto y tu mente despejada de todo pensamiento negativo para no tener que perder el tiempo en eliminar viejos modos de pensar que puedan detener el progreso de lo nuevo. Recuerda siempre que la sencillez es Mi sello. Puedes estar segura, por tanto, de que si la vida te llega a resultar demasiado complicada es que te has desviado de tu senda y necesitas volver a ella lo más pronto posible. Sé como una niña pequeña, sencilla y sin complicaciones, y disfruta de la vida al máximo.

14 Diciembre

Ten presente en tu conciencia que lo bueno procede de todas las cosas y que cada experiencia se te da para ayudarte a crecer y a expandirte. Date cuenta de que sin experiencia de primera mano no serías capaz de entender ni de abrir tu corazón a tus semejantes, sino que permanecerías distante e incluso en disposición de juzgar y condenar. Se te han proporcionado experiencias, sin que importara su grado de dificultad o extrañeza, para un propósito. Intenta ver Mi mano en todas las cosas, comprueba que nada es por casualidad, y que no existe cosa alguna que pueda considerarse fortuita. Date cuenta de que atraes hacia ti todo lo mejor o todo lo peor de la vida. Puede ser paz, serenidad y tranquilidad, o puede ser caos y confusión. Todo eso procede del interior, de tu estado de conciencia; por eso, no le eches la culpa a tu entorno. Un caracol lo lleva todo consigo, incluso su casa. Tú lo llevas todo dentro de ti, y eso se refleja en el exterior.

15 Diciembre

La chispa divina está en el interior de cada individuo, pero en muchas almas necesita ser sacada y avivada para que prenda. Despierta de tu sueño, reconoce la divinidad en tu interior, aliméntala y haz que crezca y florezca. Una semilla se ha de plantar en la tierra antes de poder crecer. Contiene dentro de sí todo su potencial, pero ese potencial permanece latente hasta que se le proporcionan las condiciones adecuadas para que crezca y se desarrolle. Tú contienes el reino de los cielos en tu interior, pero si no te despiertas a ese hecho y empiezas a buscarlo, no lo encontrarás y allí se quedará. Hay muchas almas en esta vida que no despertarán a ese hecho, y son como semillas guardadas en sobres. Tienes que querer romper tus ataduras para ser libre. Tan pronto como ese deseo esté ahí, recibirás ayuda de todas las formas posibles. Sin embargo, primero ha de existir ese deseo en tu interior.

16 Diciembre

«Queda transformada mediante la renovación de tu mente.» ¡Qué importantes son esas palabras! Las has escuchado muchas veces, pero ¿qué has hecho con ellas? ¿Qué significado tienen para ti? Toma tiempo para meditar en ellas hasta que se conviertan en palabras vivas y vibrantes en tu vida y te sientas transformada por la renovación de tu mente. Hablas de paz y de armonía, del nuevo cielo y de la nueva tierra, de hacer Mi voluntad, de irradiar amor hacia el mundo y de entrar en lo nuevo, pero ¿qué estás haciendo respecto a todo eso? ¿Estás viviendo de modo tal que ayudes a que eso tome forma? No consientas acabar convirtiéndote en un loro, emitiendo palabras que no tengan ningún sentido para ti. Ora sin cesar para alcanzar una comprensión más clara y profunda, da gracias y camina hacia arriba y hacia adelante. Ante todo, vive una verdadera vida y deja que sucedan cosas que transformen tu vida.

17 Diciembre

Cuando estés en contacto conmigo y tu mayor deseo sea hacer Mi voluntad, verás que los actos que hagas no han de hacerse para el yo sino para el bien de todos. Esta vida es solo para las almas completamente dedicadas que estén dispuestas a dejar el yo tras de sí y a formar parte del todo. A la inmensa mayoría de la humanidad no le resulta fácil hacer eso, pues muchas almas no están dispuestas a abandonar su individualidad. Quieren aferrarse a lo que denominan sus «derechos», y hacer exactamente lo que quieran, sin consideración alguna por nadie más. Por tanto, si alguna vez tienes la impresión de que esta vida no es como tú quisieras y te encuentras discorde con el conjunto, toma tiempo de averiguar que es lo que está originando esa desarmonía en tu interior, pero no busques fuera de ti algún chivo expiatorio al que poder echarle la culpa. Si te das cuenta de que hay algo en tu interior que está causando eso, podrás rectificarlo sin mayor dilación.

18 Diciembre

Cesa de acumular tensión persiguiendo cosa alguna y simplemente deja que las cosas vayan ocurriendo. No permitas que la preocupación te ate ni te mate; aprende, mejor, a depositar todas tus cargas ante Mí para poder encontrarte libre para cumplir Mi voluntad y seguir Mis caminos. No puedo usarte si estás enredada contigo misma y el árbol te impide ver el bosque, así que relájate y suelta. Permanece en quietud y meditando en las maravillas de la vida. Que tu mente quede asentada en Mí. Abre tus ojos, contémplame en todas las cosas y da eternas gracias. Cuando eres capaz de verme en todas las cosas, tu corazón está tan pleno que no puede evitar dar gracias; está, simplemente, lleno a rebosar y se desborda hacia afuera. No se puede ocultar un corazón lleno de amor y gratitud, pues eso se refleja y queda a la vista de todos. Cuando estás en un estado de gozo y gratitud, atraes a otros hacia ti. A todo el mundo le gusta estar con un alma desbordante de amor, pues el amor llama al amor.

19 Diciembre

Esta es una vida de acción, una vida de cambio. No muestres autosuficiencia, pues cuando incurres en esa actitud, puedes caer fácilmente en una rutina que ocasione como resultado un estancamiento. Tienes que hacer tu propio trabajo espiritual. Tienes que hacer tu propia exploración, a tu manera. Mira dónde se necesita efectuar algún cambio y a continuación emprende la medida necesaria para que ese cambio tenga lugar. Si el cambio es incómodo, cuanto más rápidamente ocurra más fácil resultará. Es mucho menos doloroso quitar un vendaje de golpe que hacerlo poco a poco. Por eso haz lo que tengas que hacer sin perder el tiempo pensándotelo dos veces. Da ese salto a lo nuevo sin la menor vacilación, pues tan solo has de saber que será mucho más maravilloso que lo que has dejado atrás. Con el cambio llega la vida, una vida llena y gloriosa. Se te está ofreciendo. Tómala y da eternas gracias por ella.

20 Diciembre

Busca en primer lugar el reino, ponme a Mí en primer lugar en todas las cosas y todo lo demás se te dará por añadidura. Conoces esas palabras, pero ¿qué estás haciendo con ellas? ¿Las estás viviendo? ¿Ocupan los caminos del Espíritu el primer lugar en tu vida? ¿Tienen más valor para ti esos tiempos que empleas en soledad conmigo que cualquier otra cosa? ¿Te gusta estar en quietud, o te sientes incómoda e intranquila en el silencio? ¿Quieres estar siempre ocupada haciendo cosas y encuentras mucha dificultad en aquietar tu cuerpo y tu mente? Hay millones de almas en el mundo que no soportan tener silencio. Tienen que tener constantemente ruido y acción a su alrededor. Son las almas que no conocen el significado de buscar Mi reino ante todo ni de ponerme en primer lugar en todas las cosas. Son intranquilas por dentro y por fuera. Te digo que esos tiempos de paz y de quietud en los que estamos juntos son muy valiosos en un mundo de agitación. Búscalos, encuéntralos y permanece en ellos.

21 Diciembre

Aprende a vivir más allá de ti misma y de tu propia fuerza y capacidad, para que las personas que te rodean puedan ver con sus propios ojos que soy Yo el que obra en ti y a través de ti. De esa forma, las almas que no tengan fe y creencia llegarán a conocerme, no por medio de muchas palabras, sino mediante una vida directa y demostrada. Si no vives de ese modo, no estás reconociendo que YO SOY tu guía y compañero y que has dedicado tu vida por completo a Mí y a Mi servicio. Tienes que soltar tus pies del fondo y nadar aguas adentro en lo desconocido con absoluta fe y confianza, sabiendo que no vas a sufrir ningún daño porque YO ESTOY contigo. Nunca llegarás a saber si todo eso es realmente así si no estás dispuesta a hacer algo a ese respecto. Cesa de aferrarte a la seguridad, y déjame mostrarte lo que puede suceder cuando te sueltas y Me permites tomar las riendas y utilizarte como quiero.

22 Diciembre

«Según des, recibirás.» Eso no son solamente palabras; son la ley. Cuando las vivas y las pongas en acción, verás lo maravillosamente que funcionan. Cuando empieces a dar lo que tienes, comprobarás que se te dará cada vez más. No tengas temor; no te guardes nada, tan solo da y continúa dando. Un corazón abierto y generoso atrae todo lo mejor hacia sí. Que tu corazón sea abierto y generoso; no te quedes nada, y que el espíritu de la donación esté siempre presente. Comprueba qué es lo que tienes para dar y ofrécelo, sea lo que sea, pues cada don que se ofrece ayuda a completar el conjunto. No esperes que nadie extraiga los dones de ti, sino estáte dispuesta a dar lo que tienes. Cuando lo hagas, verás cómo encaja en el conjunto, del mismo modo que la pieza de un rompecabezas, si se coloca en el sitio que le corresponde, completa el dibujo.

23 Diciembre

Dame la oportunidad de obrar en ti y a través de ti para producir Mis maravillas y Mis glorias. Mantén siempre ante ti la visión de Mi amor sin límites, de Mi abundancia sin límites y de Mis maravillas y glorias produciéndose. Mantén la visión del nuevo cielo y de la nueva tierra, de Mi voluntad cumpliéndose, de la paz y la armonía sobre la tierra y de la buena voluntad hacia todos. Mantén la visión de grandes ciudades de luz brotando por todo el mundo donde reinen la paz y el amor con supremacía. En ningún momento pierdas la visión, pues al mantener la visión firme y claramente ante ti puedes ayudar a que se incorpore desde lo etérico, y a que esas maravillas se manifiesten de forma visible en el plano terrestre para que todos puedan contemplarlas. Cuanta mayor claridad adquiera la visión, con mayor rapidez se manifestará. Da gracias constantes porque tus ojos se han abierto y sabes lo que has de hacer. Ahora, ¡adelante, pues, y hazlo, y deja de pensar en ello!

24 Diciembre

Te sorprenderá la velocidad con la que pueden avecinarse cambios. Has sido preparada para tales cambios durante mucho tiempo. A través de las edades, día a día, un mes tras otro, año tras año, con mucha paciencia he ido preparando el escenario para que esos cambios tuvieran lugar. Se te han dado todas las oportunidades para ajustarte y prepararte: así pues, debieras ser capaz de seguir adelante sin ninguna dificultad. Es cuestión de conciencia, de ser capaz de elevar tu conciencia y de adaptarte a todo lo que está ocurriendo. Las almas que son conscientes de la conciencia de Cristo están siendo atraídas entre sí ahora de la misma forma en que el hierro es atraído por el imán. Quizá no se den cuenta de ello en este momento, pero les resultará muy claro en los días que están por venir. Es esa conciencia la que está acercando a un número cada vez mayor de almas para que todas podáis percibir al Cristo interior, y deis eternas gracias por esa conciencia.

25 Diciembre

Día a día vas llenándote cada vez más de la conciencia de Cristo. Eres capaz de caminar en la luz y de hacerte una con la luz hasta que ya no hay oscuridad en ti, y en la medida en que eso sucede puedes llevar cada vez más luz al mundo. Debes darte cuenta de que todo comienza en tu interior. Tienes que empezar poniendo tu casa en orden, y tienes que tener fe y confianza en que vas a poder hacerlo y enseguida ponerte a ello. Es lo que está en tu interior lo que se refleja en el exterior. No es algo por lo que haya que luchar; es algo que simplemente sucede si se le deja, y que llena tu corazón y tu mente de amor y comprensión. Ese elevado estado de conciencia está en el mismo aire que respiras. Inspíralo profundamente y deja que todo tu ser quede infundido del mismo. Es tan grande que no puedes contenerlo; por tanto, espíralo, y de ese modo haz que circule y aumente.

26 Diciembre

¿Qué esperas de la vida? ¿Esperas lo mejor o eres una de esas almas que siempre está temiendo que suceda lo peor y que todo irá mal? Si lo eres, te mereces lo que se te viene encima, pues tú atraes o bien lo que amas o bien lo que temes y odias. Cuando tu conciencia es negativa, atraes la negatividad hacia ti de la misma manera en que un imán atrae al hierro, y así te encontrarás en la compañía de almas con la misma forma de ver las cosas, pues lo igual llama a lo igual. Cuando tu conciencia sea de amor, cuando estés desbordante de gozo por la vida y tu corazón esté lleno de gratitud hacia todas las personas y hacia todas las cosas, te encontrarás atrayendo hacia ti a todas esas almas felices y contentas que irradian amor y gozo allí donde van. Tu vida quedará llena de lo mejor que la vida puede ofrecer. ¿Por qué no ver lo mejor en cada situación? Mira cómo lo mejor está siendo atraído hacia ti ahora.

27 Diciembre

Muchas veces quizá tengas que seguir adelante con fe, incapaz de ver las razones que hay para el curso de acción que vayas a emprender, pero no dudes si sabes en tu interior que eso es lo correcto. Tienes que tener fe para ser capaz de dar esos pasos en lo desconocido, pues quizá haya muchas influencias externas tirando de ti en direcciones distintas hasta hacerte sentir desgarrada. Ahí es donde debes aprender a adentrarte en tu interior y a saber con un conocimiento absoluto que lo que estás haciendo está siendo guiado por Mí y saldrá a la perfección. Se requiere mucha fe y valentía para avanzar y seguir esas profundas llamadas internas, especialmente cuando la acción que emprendas resulte una completa tontería a los ojos de los demás. Por esa razón, precisamente, no podrías hacerlo si carecieras de una fe y un conocimiento interno absolutos. La elección siempre está en tus manos; por tanto, escoge, y escoge lo correcto con tu mano firmemente agarrada a la Mía. Nunca te defraudaré ni te abandonaré, sino que guiaré cada uno de tus pasos.

28 Diciembre

Que haya unidad en la diversidad. Fíjate en los múltiples senderos que conducen al centro, que llevan hasta Mí; cada uno es diferente pero, pese a eso, todos siguen la misma dirección. Cuanto más cerca se encuentran del centro, mayor es su unidad, hasta que todos se hacen uno en Mí y ya no hay mayor diversidad sino unidad completa. Verás que eso sucede cada vez más con todos los centros de luz en todo el mundo. A medida que la situación del mundo empeore, ellos brillarán cada vez más hasta que la luz venza toda forma de oscuridad. Es bueno ver una panorámica amplia de todo lo que está ocurriendo, pero también es importante ver que todo empieza dentro de ti misma. Date cuenta de que lo que sucede en el individuo se expande en el mundo y se refleja en la situación mundial. Por esa razón, la paz de mente y de corazón en tu interior son esenciales, y por esa razón, la armonía, la comprensión y un amor profundo habrían de darse entre ti y todos los demás.

29 Diciembre

Abrid vuestro corazón y aceptad todos Mis dones buenos y perfectos. Están ahí esperándoos, pero muchas almas no abren su corazón y alargan sus manos para aceptar la herencia que les corresponde. O bien están asustadas o creen que son indignas de ella o sencillamente no creen que exista tal herencia y, por tanto, rechazan lo que tan solo está esperando ser reclamado. Si tienes dinero en el banco, pero te niegas a aceptar que está ahí y rehúsas sacarlo de la cuenta debido a tu descreencia, tú eres la única en sufrir esa carencia y te las has de arreglar sin el dinero. Mis almacenes están llenos a rebosar, y todo lo que Yo tengo es tuyo; no obstante, tienes que hacer algo al respecto, tienes que reclamar lo que es tuyo. No puedes llevar esta vida espiritual si no crees que esa herencia es tuya y la reclamas. El nuevo cielo y la nueva tierra están aquí ahora.

30 Diciembre

Tú eres Mis manos y Mis pies. Tengo que obrar en ti y a través de ti para revelarte Mis maravillas y Mis glorias. Tengo que usarte para traer Mi reino, para producir el nuevo cielo y la nueva tierra. A menos que te des cuenta de que tengo necesidad de ti, continuarás oyendo acerca de ese maravilloso nuevo cielo y nueva tierra, pero no lo contemplarás ni vivirás en él y lo verás operar en ti y a tu alrededor. ¿De qué sirve soñar en la utopía? Tiene que hacerse realidad, y eso tan solo puede suceder cuando comiences a vivirlo y dejes de hablar de ello. Si ves a una persona que se está ahogando, no sirve de mucho empezar a gritar instrucciones desde la orilla. Tienes que saltar y hacer algo para ayudarla. Por tanto, no sirve de mucho leer o aprender acerca de cómo crear el nuevo cielo y la nueva tierra. Tienes que empezar a vivirlo ahora para hacer que venga.

31 Diciembre

Una vez que hayas dado un paso adelante en la fe, nunca vuelvas la vista atrás ni lamentes lo que has abandonado. Tan solo espera el futuro más maravilloso y contémplalo mientras llega. Deja atrás todo lo viejo; ya acabó. Agradece las lecciones que has aprendido y las experiencias que has tenido, pues todas ellas te han ayudado a crecer y te han proporcionado mayor comprensión, pero nunca trates de aferrarte a ellas. Lo que te aguarda es incomparablemente más maravilloso que lo que has dejado tras de ti. Una vez hayas depositado tu vida bajo Mi guía y orientación directa, ¿cómo podría ir algo mal? Únicamente si das un paso adelante y entonces comienzas a preguntarte si has obrado bien, y consientes que te entren dudas y temores, se empezará a agolpar todo en tu interior y comenzarás a sentirte abrumada ante el peso de tu decisión. Por lo tanto, suelta ese peso, libera el pasado y sigue adelante con un corazón lleno de amor y gratitud.